OS MENSAGEIROS DA Esperança

Sérgio Vencio

OS MENSAGEIROS DA Esperança

NOVA SENDA

OS MENSAGEIROS DA ESPERANÇA

Revisão: *Rosemarie Giudilli*
Ilustrações da capa: *Dreamstime.com*
Capa e diagramação: *Décio Lopes*

DADOS INTERNACIONAIS DE CATALOGAÇÃO DA PUBLICAÇÃO

Vencio, Sérgio

Os Mensageiros da Esperança/Sérgio Vencio – 1ª edição – São Paulo / SP – Editora Nova Senda – Verão de 2015.

ISBN 978-85-66819-06-9

1. Romance Espírita 2. Kardecismo I. Título.

EDITORA NOVA SENDA
Rua Jaboticabal, 698 – Vila Bertioga – São Paulo/SP
CEP 03188-001 | Tel. 11 2609-5787
contato@novasenda.com.br | www.novasenda.com.br

Sumário

Prefácio

Em 1990 iniciei minhas atividades mediúnicas no Hospital Espírita Casa de Eurípedes. Na época, trabalhando como médico plantonista, conheci o Grupo Fraterno, núcleo de luz e trabalho sério, que tratava obsessão grave em portadores de doença mental.

Foi um caso de paixão à primeira vista. Desde então me dedico, dentro de minhas limitações, a esse trabalho, que hoje tem continuidade na Comunidade Espírita Ramatís, fundada em 2003 e que nos dias de hoje conta com o apoio de mais de duzentos trabalhadores voluntários.

Os relatos desse livro são verídicos, obviamente romanceados para melhor entendimento. Os nomes dos médiuns foram trocados por motivos óbvios. Dessa forma, podemos considerar essa obra como mediúnica, mas sem a psicografia tradicional. Ela é um compilado do relato dos médiuns durante o desdobramento consciente e deve ser creditada aos seus verdadeiros autores, os médiuns do grupo.

Eventuais erros são de minha responsabilidade. Obviamente que não temos nesse livro uma obra doutrinária, reservada aos espíritos de escol, preparados pela espiritualidade para esse mister. A intenção é somente mostrar a leveza e seriedade com que a espiritualidade conduz seus trabalhos e olha por todos sem exceção.

Esse tipo de viagem astral nos foi proposta pelo mentor, assim como está descrito no livro, em 1998. Após anos de treinamento conseguimos atingir um grau de desenvoltura mais natural, o que auxiliou muito nos trabalhos.

A perspectiva de auxiliar crianças internadas na espiritualidade a reencarnar nos encanta. Presos ao atavismo da culpa e do castigo, sem essa intervenção muitas dessas crianças teriam seu problema agravado pela culpa e pelo remorso.

O conhecimento adquirido nesses anos permite aos médiuns, sob a coordenação segura e amorosa da espiritualidade, intervir no perispírito, modelo organizador biológico, harmonizando energias que poderiam ser drenadas como desordens orgânicas caso não fossem tratadas.

Durante o processo de treinamento fomos apresentados a verdadeiros oásis na Colônia Esperança. O trabalho do apóstolo mineiro, Eurípedes Barsanulfo foi construindo aos poucos na Colônia vários locais absolutamente maravilhosos. O Templo de Cristal e o Jardim Terapêutico são alguns deles.

Espero sinceramente que essa seja uma leitura agradável e que conduza os leitores a um momento de emoção e conexão com a espiritualidade maior.

Temos uma enorme lista de agradecimentos a fazer. Aos mentores e amigos do plano espiritual, sem os quais nada disso seria possível. Aos coordenadores e mestres do trabalho mediúnico da Casa de Eurípedes e aos dedicadíssimos médiuns que participam comigo desse trabalho durante esses quase 17 anos. De forma especial quero reverenciar meus pais. E um agradecimento profundo eu dedico à minha esposa e companheira de jornada, pelas inúmeras revisões no texto e apoio nas horas decisivas. Da mesma forma sou grato aos nossos dois filhos pelas discussões sobre os capítulos e pela sugestão do título dessa obra.

Por último, mas não menos importante, agradeço aos mestres Reiki Johnny e Rita de Carli pela intermediação com a Editora Nova Senda.

Que Jesus possa continuar abençoando nossas vidas e nos louvando com sua presença amorosa.

Prólogo

– Você está me dizendo que já podemos reunir nossos irmãos e trazer todos em desdobramento para conhecer nosso trabalho?

– Sim – respondeu o ancião. – Será uma grande oportunidade de iniciarmos nosso projeto.

Marcos não queria se mostrar mais preocupado do que estava e muito menos parecer desrespeitoso. Colocando uma entonação de voz que transparecesse calma, sustentou o olhar amoroso de seu Mentor e perguntou: – E se não der certo?

– Meu filho, coisas boas só geram coisas boas. Tudo fora disso é somente nossa expectativa frustrada. Não exija tanto de você e muito menos dos nossos irmãos encarnados. O projeto caminhará à medida que nossos irmãos se mostrarem dignos. Enquanto isso façamos a nossa parte.

Capítulo 1

A reunião

O TRABALHO MEDIÚNICO chegava ao fim. Nove médiuns sentados em derredor da mesa trabalhavam intensamente, amenizando o sofrimento de irmãos encarnados que periclitavam pela vida assediados por transtornos mentais.

O ambiente espiritual era de trabalho intenso. Durante as últimas duas horas, dezenas de irmãos desencarnados haviam sido assistidos. À medida que os pacientes do abençoado hospital psiquiátrico eram trazidos, seus acompanhantes espirituais recebiam o tratamento de amor e luz.

Marcos sempre se impressionava com essas reuniões. Alto, porte atlético, cabelos castanhos claros e lisos, vestia uniforme azul e branco, elegante. Na sua cabeça as perguntas fervilhavam.

– Como era possível fazer tanto em tão pouco tempo? Por que as pessoas não se resolviam a aderir verdadeiramente à paz e à tranquilidade? Parecia tão mais óbvio manter a paz do que perdê-la e passar décadas tentando recuperá-la.

Na mesa mediúnica, José, um senhor de cabelos grisalhos, conversava amorosamente com uma senhora que se utilizava de uma médium para se expressar. Desencarnada há vinte e três anos a comunicante mantinha a mente fixa na vingança.

Abandonada pelo noivo, não conseguira levar adiante a missão para a qual reencarnara, perdendo a vida em lamentoso suicídio. Após quinze anos de sofrimento em regiões umbralinas encontrou novamente o ex-noivo, ainda reencarnado, iniciando um processo de influenciação doentia que redundaria na doença mental do companheiro.

– Não quero e não vou – gritava a irmã. – Demorei muito para encontrar o farsante e agora ainda preciso aguentar essa outra ao lado dele? Você não entende? Ele é meu! Lágrimas copiosas banhavam o rosto da médium. Energia densa e escura desprendia-se da irmã desencarnada. Funcionando como filtro, a médium caridosamente permitia que seu corpo físico fosse utilizado para amenizar o sofrimento alheio.

Instado pelo Orientador Espiritual do serviço, Marcos se aproximou de Mariana, intuindo sua pupila encarnada a se aproximar da médium e aplicar passes magnéticos de reconforto e acolhimento. Ao se acercar da mesa, Mariana imediatamente sentiu o drama vivenciado pela interlocutora do Plano Espiritual. A dor da perda, o suicídio, anos de isolamento, frio e ranger de dentes. O reencontro com o ex-noivo, a humilhação de se sentir preterida por outra por questões financeiras.

Tudo isso afluiu à mente da trabalhadora encarnada de forma rápida e instantânea. Acostumada à lide interexistencial com o Cristo, Mariana se esmerava na doação de fluidos amorosos e no cuidado com os irmãos encarnados que eram assistidos naquela agremiação denominada grupo mediúnico fraterno.

Irradiando energia de paz e tranquilidade, Mariana elevou os pensamentos ao Mestre Jesus em favor da irmã. Nesse instante, a sala ficou repleta de fluidos de cor azul, como se milhares de gotas de orvalho caíssem do alto, trazendo sensação de tranquilidade, o que fez com que a comunicante se confundisse e pela primeira vez repensasse a sua trajetória de dor e desespero. Sentia tanta saudade de sua vida pretérita, de quando ainda era encarnada.

Aproveitando o momento de fragilidade da comunicante, Sr. José retomou o debate fraterno:

– Minha irmã, é chegada a hora de se libertar desse fardo desnecessário que você carrega. Você foi trazida aqui porque seu ex-noivo encontra-se internado em nosso hospital, mas nesse momento nossa atenção volta-se completamente para sua dor. Queremos ajudá-la.

Engasgada na própria emoção, a visitante viu sua mãezinha querida se aproximar, do mesmo modo que a via quando ela era criança. Não se contendo, gritou e chorou ao mesmo tempo:

– Mãe, me acode, já não aguento mais!

A mãe, emocionada e agradecida a Deus pela oportunidade a tanto tempo almejada, acolheu no seu seio a filha, como se fosse uma avezinha alquebrada.

– Calma, minha filha – disse a mãe. – Estou aqui com você.

– Mãe, sofri tanto pelo que Rogério fez para mim. Só de pensar nisso fico tomada de ódio.

– Não filha, o seu sofrimento foi pelo que você se permitiu fazer. Não transfira ao outro a sua responsabilidade. Por mais infeliz que tenha sido a escolha de Rogério, a sua poderia ter sido diferente. Dessa forma, a questão está sempre com a nossa própria consciência. Mas, não se preocupe com isso agora, antes vamos dar graças a Deus por estarmos juntas novamente.

No plano físico, silêncio. No Plano Espiritual, ouviu-se ainda um choro de alívio de uma mãe reconhecida.

Renovados pela energia sublime, os médiuns se preparavam para o encerramento dos trabalhos.

Capítulo 2

O convite

Nesse instante, Marcos captava na sua tela mental o pensamento do Coordenador Espiritual da reunião e se aproximou de Dona Inês, médium experiente e correta nas suas atribuições, e a envolveu em eflúvios magnéticos positivos. Esta, imediatamente, sentiu que algo especial estaria para acontecer.

– Meus amigos – iniciou Dona Inês. – Percebo ao meu lado nosso amigo Marcos, que nos acompanha nas atividades mediúnicas que exercemos. Concentrem-se e me auxiliem a transmitir de forma fiel a mensagem que esse irmão nos traz. Endireitando-se na cadeira, respirou profundamente, e a voz de Marcos passou a ser escutada por todos através da mediunidade da experiente seareira.

> – Queridos irmãos, é com imensa alegria que estamos aqui hoje. Companheiros na jornada milenar que nos levará ao Pai, fazemos parte da mesma equipe de trabalho. Planos dimensionais diferentes com objetivos semelhantes. O momento é de festa, é hora de crer e confiar, colocando nas mãos amorosas do Cristo o destino de nossas vidas.

Antes errávamos juntos, enganando, matando, mentindo. Utilizávamos o conhecimento do espiritual para nos locupletarmos na ganância e na avareza, não medindo esforços para realizar nossos intentos. Hoje, já sentimos o raiar de um novo tempo em nossos corações e ansiamos por servir ao Cristo, o Mestre Amigo.

– É justo – continuou Marcos – que aos trabalhadores fiéis seja dado um quinhão maior de conhecimento e de responsabilidade. Aos outros Jesus falava por parábolas, mas aos seus discípulos falava diretamente, explicando coisas que ainda hoje seriam incompreendidas.

– Hoje, meus irmãos amados, venho convidá-los a conhecer um local especial. Um ninho de amor construído pelo Mentor Espiritual dessa casa em homenagem àquele que na Terra foi todo doação e dedicação no fazer a vontade do Pai. Gostaria que vocês se concentrassem e me acompanhassem em uma viagem astral.

Os médiuns presentes na sala, emocionados com tão diferente convite, elevaram o pensamento a Deus, desejando participar do banquete espiritual, oportunidade de luz e aprendizado.

Dentro da capacidade anímica-mediúnica de cada um sentiram-se saindo do corpo, percebendo o ambiente espiritual e a presença amorosa dos trabalhadores. Acanhados uns, mais soltos outros, cada trabalhador encarnado passou a vivenciar essa experiência singular de acordo com suas crenças particulares.

Sustentados pela egrégora magnética dos Mentores, os médiuns foram levados para a Colônia Esperança, a cidade espiritual coordenada por Eurípedes Barsanulfo, o apóstolo do Triângulo Mineiro.

Maravilhados pela visão que se descortinava aos olhos espirituais, num misto de espanto, dúvida e alegria, perceberam um jardim maravilhoso, com um caminho sinuoso formado de pedras que levava a uma casa imensa, à semelhança de um grande casarão colonial.

Adornado por flores das mais variadas cores, o caminho de pedras era iluminado, mas a luz não vinha de fora, parecia nascer dentro das pedras e se unia com a emanação das flores, compondo um quadro de harmonia e beleza.

– Venham amigos, vamos conhecer a casa – convidou Marcos.

Animados pelo chamamento, os médiuns se lançaram à caminhada feliz, rodeados por árvores frondosas, um gramado verde que se perdia de vista e trazia a sensação de algo conhecido, uma saudade de algo que não se lembrava. Alguns trabalhadores espirituais da Colônia chegavam e acolhiam amorosamente os trabalhadores, que cada vez mais espantados não se cansavam de a tudo olhar.

Música suave invadia o ambiente trazendo a impressão de que todos flutuavam. Ao chegarem mais perto da casa, ó alegria sublime! Avistaram dezenas de crianças vestindo túnicas coloridas que iam até os pés, seguravam um lírio alvo e brilhante e cantavam um hino de louvar à Maria, a Mãe Santíssima. As crianças caminhavam entre os trabalhadores, cantando e entregando as flores, que se desfaziam ao toque, deixando uma sensação de limpeza e paz no coração.

Nesse instante, Marcos chamou todos os trabalhadores encarnados e desfraldou uma faixa onde se lia: "Esperança e luz".

– Amigos – disse ele – hoje iniciamos uma nova etapa em nossas vidas, materializando compromissos assumidos nessa Colônia antes que todos reencarnassem. Muitos outros companheiros dos dois planos ainda se juntarão a nós. Bem-aventurados os trabalhadores do Cristo. O excelente Eurípedes

Barsanulfo, nosso Orientador e Dirigente dessa Colônia, espera-nos com sua palavra educativa. E indicando uma passagem na lateral do casarão, encaminhou a todos.

A visão da Colônia fascinava a todos. Quanto mais admiravam, mais se sentiam gratificados pela oportunidade. Ficava bem claro a todos que qualquer sacrifício em nome do Cristo valeria a pena, pois seria uma conquista maravilhosa após a morte física poder habitar uma região tão bonita.

Caminhando em direção ao casarão, podiam observar à esquerda a cidade espiritual, com as casas e edifícios de trabalho. Uma luz amarelada parecia emanar da Colônia, como se o Sol nascesse lá dentro. Mas não era uma luz incômoda, era suave e acolhedora e transmitia vitalidade. Estar ali era um processo leve e sutil. Mariana se sentia como em um sonho bom, era como acordar à beira do mar e sentir o vento, as ondas quebrando e a energia agradável da praia.

Maravilhados com o desenrolar dos acontecimentos, os trabalhadores podiam olhar para a direita do casarão e visualizar uma mata. Era como um bosque de um conto de fadas. Árvores frondosas, pássaros, cristais e flores, muitas flores de variadas cores a se espalhar até onde a vista alcançava. Era possível ouvir o barulho de uma cachoeira, trazendo a suave sensação de leveza.

– Meus amigos – retomou Marcos – em momento oportuno todos poderão conhecer em detalhes a cidade e a mata. Nesse instante, os trabalhadores da Colônia nos aguardam no auditório ao lado do Hospital Esperança – disse apontando para o casarão.

Com o coração a pulsar rapidamente de emoção, os trabalhadores encarnados, em desdobramento, se dirigiram ao auditório.

Capítulo 3

O filme em 5D

Levados por Marcos a um auditório moderno e confortável, os integrantes do grupo sentiam-se tais quais crianças que iniciam o período letivo. Um misto de alegria e insegurança dominava a todos.

Mariana, abraçada a Dona Inês, conversava baixinho: – O que será que nos espera? Sinto meu coração quase a sair da boca de tanta alegria e expectativa. A Irmã Inês, mais madura e experiente retrucou: – Mantenhamos a calma. É pela misericórdia divina que nos encontramos aqui nesse momento, já que de nós mesmos nada temos feito que justifique tanta amorosidade.

Espalhando-se pelo auditório, os trabalhadores encarnados, em meio aos seareiros espirituais e às crianças, acomodavam-se em amplas cadeiras de cor azul celeste. Na frente do auditório, uma ampla tela mostrava paisagens de outras Colônias, mas a imagem era muito mais real do que aquela a que estavam acostumados na Terra. Os expectadores viam-se no local e mais do que isso, sentiam as emoções dos personagens que se apresentavam na tela.

Intrigado com o fenômeno, José, coordenador encarnado do trabalho, se dirigiu a Marcos perguntando:

– Caro irmão, que tecnologia é essa que nos permite experienciar de forma tão intensa tudo o que se passa na tela?

Sempre amável, o trabalhador espiritual relembrou do seu próprio espanto quando chegou à Colônia 10 anos antes e se defrontou com a mesma situação. Repetiu, então, as palavras que ouviu de um irmão:

– O pensamento é energia quintessenciada, mas acima de tudo é matéria, constituída das mesmas substâncias químicas da tabela periódica que encontramos na Terra, e outras mais que ainda não são conhecidas por lá. Tudo que falamos, pensamos e fazemos atua no fluido cósmico universal e o modifica, gerando arquivos em todas as dimensões: espiritual, mental, astral, etérica e física. Nesse estágio vibracional em que nos encontramos, conseguimos acessar os aspectos etéricos e astrais, sentindo isso através do nosso próprio perispírito que aqui se expande de maneira diferente. Em planos mais sutis, maior ainda será nossa capacidade de irradiação energética. Quanto maior o número de corpos dos quais nos desvencilhamos, maior a capacidade da nossa essência espiritual se manifestar.

Encantado com a cena que se desenrolava na tela, José podia captar em detalhes as emoções que cada palavra e atitude carregavam. A cena era comovente. O espírito de uma criança estava no quarto de um casal encarnado. Seriam seus futuros pais. Desdobrados naturalmente pelo sono, os dois recebiam aquela alma de luz numa alegria esfuziante.

– Mas por que tanta demora? – perguntou a futura mãe. Já não aguento mais de saudade.

O Pai embevecido contemplava a cena com o coração em prece, agradecendo a Deus por ter ao seu lado aquelas duas almas tão caras à sua.

– Mãezinha – respondeu a filha. – Os Mestres me explicam que é preciso que você amadureça mais nas lides com os necessitados.

– Mas querida, tenho frequentado assiduamente o curso da Igreja.

– Sei disso, mãezinha, mas além da teoria é necessário a prática. Colocar a mão no trabalho da caridade vai te fazer um bem enorme e me ajudará também, pois assim você estará mais propensa a não me mimar tanto, me ensinando os valores cristãos pela palavra e pelo exemplo.

– Ah! Minha filha, como poderei expressar minha gratidão a Deus por ter você novamente na minha vida?

Enxugando uma lágrima que teimava em cair, José observava um movimento de pessoas que anunciava a chegada do diretor da Colônia. Escutou ainda a menina responder à mãezinha: – Trabalhando com Jesus, mamãe. O maior sinal de nossa gratidão é o sacrifício de nós mesmos em favor da obra do Pai.

Hora de se acomodar. A orientação espiritual estava para ser distribuída pelo Mentor daquela abençoada Colônia.

Capítulo 4

O Apóstolo Mineiro

Um fio prateado identificava os nove encarnados presentes à assembleia. As outras dezenas de cadeiras, dispostas em fileiras, estavam ocupadas por trabalhadores da Colônia, espíritos que ajudavam nos trabalhos do Hospital Espírita e pelas crianças do coral, que compareciam ali em número expressivo e se postavam disciplinadamente nas fileiras finais. Nenhuma alma sofredora ou desequilibrada. O ambiente era de serenidade absoluta.

A Colônia Esperança representa uma continuação do trabalho do nobre Eurípedes Barsanulfo, que na sua última encarnação renasceu nas Minas Gerais, em Sacramento. Versado em Matemática, Geometria, Aritmética, Trigonometria, Ciências Naturais, Botânica, Zoologia, Geologia e Paleontologia, Português, Francês, Astronomia, Inglês e Castelhano, além de dar aulas de todas essas matérias, fundou um colégio espírita, denominado Allan Kardec. Educador por natureza, foi ainda político, jornalista e médium.

Subindo à tribuna, aquele personagem de estatura mediana e corpo franzino não demonstrava, à primeira vista, a magnanimidade da sua evolução espiritual. Mas ao iniciar sua fala, após modesta saudação, sensação de tranquilidade envolveu o ambiente e suas palavras hipnotizaram a todos, trazendo a impressão de que vivenciavam um sonho bom.

– *Caros irmãos em Cristo* – iniciou Eurípedes – *sejam bem-vindos à nossa Colônia fundada para honrar Jesus Cristo, o Rabi por excelência. Inúmeros trabalhos são levados a efeito aqui. Espíritos de escol habitam nossas instalações auxiliando irmãos que tiveram a bênção de renascer nas fileiras espiritistas, nem sempre aproveitadas a contento.*

– *O trabalho árduo de centenas de trabalhadores do Messias foi construindo ao longo dos anos essa estrutura que vocês irão conhecer aos poucos. Temos uma cidade com toda a complexidade urbanística, mas o que será seu objeto de estudo nessa etapa é o Hospital Esperança, com atenção muito especial à ala denominada Lar da Criança Menino Jesus, Instituição criada para receber crianças desencarnadas nas mais diversas situações, de aborto à drogadição, passando pelo câncer e acidentes variados. Além disso, vocês participarão de atividades nos planos espirituais vizinhos, superiores e inferiores, para que entendam a extensão do trabalho realizado aqui na Colônia, e como a vida continua pulsátil, vibrante, responsável e amorosa após a perda do corpo físico.*

– *Vocês precisarão estudar assiduamente, e manter atitude de fé e amorosidade no coração e na mente. Egos e opiniões sectárias deverão ser evitados. Radicalismos de variada espécie não são bem-vindos. A simplicidade do Cristo nos remete a uma doutrina que tem na conduta amorosa sua maior fundamentação. Todo o resto é acessório. Se tivermos de escolher entre alguma coisa, sigamos o Cristo que soube ser fiel até o fim.*

Aproveitando pequena pausa Mariana observava os presentes. Todos estavam emocionados, com os olhos marejados de lágrimas e expressando uma leveza de difícil definição. Fora do auditório, podia-se ouvir o cantar suave de pássaros e o barulho de um educandário que funcionava ao lado.

– *Há criaturas que deixaram na Terra* – retomou o diretor – *como único rastro da vida robusta que usufruíram na carne, o mausoléu esquecido em um canto ermo de cemitério. Nada construíram de útil, não estabeleceram laços afetivos verdadeiros, nem amizades fraternas. Chegaram em nosso plano de vida eterna de mãos vazias, sem nada a oferecer senão súplicas, lamentações e arrependimentos.*

– Enredados em problemas financeiros e emocionais, esperavam que a chegada da velhice pudesse lhes dar o tempo e a sabedoria necessários para enfrentar os mistérios da morte física. Ledo engano! A desencarnação não trouxe nada além de uma verdade nua e crua, em que cada um oferece o fruto que cultivou durante a vida.

– Os tempos são chegados, a Espiritualidade Maior nos impele para frente, rumo aos cimos da perfectibilidade, mostrando à luz do dia o que antes só era acessível aos iniciados dos templos proféticos.

Espraiando seu olhar amoroso pelo auditório e dando tempo para que sua mensagem fosse sedimentando-se, Eurípedes continuou:

– Eis que bate à porta de todos vocês o convite amoroso do Mestre Jesus para que estudem e aprendam, resgatando pelo amor e pelo trabalho milhares de anos de iniquidade e intolerância.

– Não se enganem, meus irmãos, a grande maioria dos que reencarnam na Terra é devedor da Universalidade, gastando milênios em contendas inúteis, recheadas de ego, ganância e luta pelo poder. Com vocês não é diferente. O fato de hoje estarem trabalhando em uma casa religiosa não quita automaticamente os débitos contraídos ao longo do caminho percorrido pelo espírito eterno.

– O espírito é um monumento vivo de Deus – o Criador Amorável. Honremos a nossa origem divina, criando o bem como chuva de bênçãos ao longo de nossas próprias pegadas.

– É necessário vencer a rotina escravizadora, saindo da mesmice e dos padrões de comportamento que nos acompanham e moldam nosso caráter. Precisamos aprender a agir diferente, a pensar diferente e a acreditar diferente.

– A cada dia renasce a luz de uma nova vida, e com a morte somente morrem as ilusões. É necessário viver e servir. É necessário viver, meus irmãos, e ser mais do que pó! Que o Mestre Jesus possa abençoar nossos propósitos.

Chamados à realidade pelas palavras amorosas, porém firmes do diretor da Colônia, os amigos encarnados cismavam calados. Choros e suspiros se ouviam pelo auditório. O Plano Espiritual Superior não tem tempo a perder. Não existe nele a quietude contemplativa sonhada por muitos.

Descendo da tribuna, Eurípedes passou a ouvir pessoalmente todos os encarnados, acolhendo amorosamente, aconselhando e incentivando. Após breves instantes deixou o salão, partindo para outras responsabilidades em tarefa árdua e contínua pela instalação do reino dos céus na Terra.

Marcos tomou a palavra instrutiva e declarou:

– Amigos, bem-aventurados somos todos por termos a oportunidade de aqui estarmos, ouvindo tão sábias palavras. Aproveitemos! Hoje à noite, durante o desdobramento do sono, esse trabalho continuará. Todos serão levados de volta agora para o corpo físico, e mais tarde, durante a madrugada, serão trazidos novamente para uma reunião de estudo e trabalho. Procurem ter uma alimentação frugal, e mantenham a mente tranquila para que possam retornar aqui em boas condições.

Capítulo 5

Dividindo impressões

Aos poucos, os médiuns foram acoplados ao corpo físico. Era como se acordassem. Todos mantinham na mente a ideia central, mas infelizmente uma minoria conseguia se lembrar de todos os detalhes.

O cérebro físico funciona como um filtro, a capacidade mediúnica, intrínseca às criaturas desde sempre, não se manifesta na mesma intensidade e clareza. Essa habilidade extrassensorial, localizada no perispírito, possui bases fisiológicas e não se correlaciona com o desenvolvimento moral ou espiritual e muito menos com a crença religiosa ou com a ausência dela.

Sentados ainda ao redor da mesa, os médiuns esperavam pelo comando do coordenador encarnado, Sr. José, que não tardou.

– Vamos elevar nossos pensamentos ao Pai Misericordioso – iniciou o trabalhador – agradecendo por essa oportunidade maravilhosa de trabalharmos e aprendermos na seara do Cristo, nosso Mestre. E convidando todos os presentes a recitar com fé a oração que Jesus ensinou, repetiram em uníssono o *Pai-Nosso*, envolvidos pelas energias de paz e tranquilidade.

Encerrada a reunião, naturalmente a empatia se encarregou de formar grupos de conversa amigável.

A noite ia avançada. Ao sair da sala de trabalho uma brisa com cheiro de eucalipto envolvia a todos. O céu limpo refletia as estrelas de forma cristalina, como a lembrar a todos que minutos atrás estavam também em uma região de luz brilhante, de esperança e de luz.

Os pacientes do hospital psiquiátrico já estavam recolhidos em seus quartos, o silêncio reinava, mostrando um quadro bem diferente da lida diurna, onde o tumulto era frequente naquelas mentes conturbadas e doentias.

Mariana e Dona Inês dividiam as impressões sobre a viagem astral. Mariana, empolgada, relatava com inocência o que havia percebido e falava da sua alegria por iniciar esse novo trabalho. Queria ajudar, mudar as pessoas, trabalhar com o Cristo, – pois não seria esse o objetivo maior na Terra? – perguntava.

A Sra. Inês, mais acostumada com a alma humana, com as fraquezas e melindres característicos da evolução atual na Terra, tudo escutava. Trazia a alma em paz e também se animava com as novas perspectivas, mas sabia que todo trabalho com Cristo é de uma seriedade ímpar e requer acima de tudo dedicação quase sacrificial.

Ao lado delas dois trabalhadores conversavam ressabiados. Eram Reginaldo e João. Pessoas simples, acostumadas à vida monetária difícil, e que mesmo assim encontravam tempo para se dedicar ao Cristo, dentro da fé que professavam.

– Receio que eu não consiga acompanhar o grupo – dizia João – sou muito ignorante, não tenho o estudo de Mariana, nem a experiência do Sr. José. Talvez esteja na hora de abandonar o trabalho, as coisas estão ficando muito complicadas.

– Não creio que isso seja importante – respondeu Reginaldo. – Sr. José tem se mostrado paciente conosco.

Não esquente a cabeça, amanhã conversamos mais, agora tenho um compromisso. Uma festa de aniversário me espera.

– Mas Reginaldo, não seria melhor seguir as orientações recebidas e nos prepararmos para voltar à Colônia? – perguntou João.

– Que nada! É só uma festa. Será possível agora que para ser médium nem a uma festa posso ir mais? E dizendo isso se afastou do grupo, já antevendo a diversão da reunião e principalmente a bebida alcoólica, uma companheira cada vez mais frequente em sua vida.

No Plano Espiritual, Marcos a tudo observava. O caminho que Reginaldo estava escolhendo a muito tempo vinha lhe incomodando. Reginaldo era um médium dedicado e com capacidade maravilhosa de trabalho. Tinha ingressado na Doutrina Espírita após a desencarnação do Pai havia 5 anos. Não suportando o peso da dor e da saudade foi diagnosticado com depressão, e sem dinheiro para pagar um tratamento médico particular aceitou a indicação de João, seu primo, que trabalhava como voluntário naquele hospital havia um tempo.

Após a melhora inicial promovida pelos remédios, resolveu aceitar o convite de João para um tratamento espiritual. Nascido e criado em família católica, nunca havia se interessado verdadeiramente por "esses assuntos", mas agora com a falta do pai queria na verdade receber alguma notícia. Nutria esperança secreta de que alguma informação do Além pudesse consolar seu coração saudoso.

Chamado ao tratamento, a sala de trabalho mediúnico o assustou um pouco. Por que tanto silêncio? O que significavam aquelas pessoas de olhos fechados sentadas ao redor da mesa? Por que a luz apagada? Com um misto de expectativa e medo escutou um senhor de cabelos brancos proferir uma prece simples, mas feita com muito sentimento e se deixou guiar por aquelas palavras sentindo calma e leveza. Sem entender o que acontecia, percebeu que flutuava ao lado do corpo. Sensação de pânico o envolveu, queria falar, gritar, avisar a todos que alguma coisa muita errada estava acontecendo, mas não conseguia. Não podia mexer um dedo sequer.

Nesse momento percebeu ao seu lado uma mulher mais velha, cabelos repartidos ao meio caídos até os ombros, olhos esverdeados e gestos calmos. Ela se aproximou. Vestia uma túnica azul-piscina e trazia uma ametista pendurada em um colar simples. Olhando nos olhos de Reginaldo, segurou suas mãos e pediu calma.

A presença daquela senhora trazia sensação interessante, era bom tê-la ali, mas o seu problema continuava.

– Pelo amor de Deus, minha irmã, me ajude – conseguiu finalmente dizer, comunicando-se com esforço. – O que está acontecendo?

– Reginaldo, irmão em Cristo, – respondeu a trabalhadora do Plano Espiritual – você está iniciando um caminho a muito tempo programado, mas esquecido. Você se deixou levar pela vida, ao invés de conduzi-la, porém soa agora o momento de retomar a programação espiritual feita antes da sua reencarnação.

– Não consigo entender o que você diz, por favor me deixe voltar, eu prometo que não piso mais aqui nessa casa – implorou Reginaldo, nesse momento já se desesperando.

Sorrindo da resposta inocente, Edith, pois esse era o seu nome, falava a Reginaldo como uma mãe que se dirige a uma criança que não quer voltar para escola:

– Calma, está tudo certo. Você está conversando comigo em espírito. Seu corpo físico está sob nossa proteção, e nesse instante você pode observar o Plano Espiritual da sala de assistência. Se permitir, acalmando-se poderá perceber a presença dos trabalhadores encarnados e desencarnados.

Por mais que tentasse se controlar e racionalizar sobre o que aquela pessoa falava, Reginaldo pensava: meu Deus, estou enlouquecendo de vez, deve ser o remédio. Bem que minha esposa me pediu para não tomar. Porém, ao deixar seu olhar vaguear pela sala, viu que realmente se encontrava em uma sala diferente. Podia ver seu corpo sentado na cadeira, como se dormisse, e percebia movimento silencioso e ordenado de pessoas que conversavam, acolhiam, medicavam e davam passes em alguns doentes.

À medida que se tranquilizava, pensamento estranho começou a tomar forma em sua mente. Ele conhecia aquela senhora que o assistia. Fixou o olhar tentando se lembrar de alguma coisa, mas continuava sem entender. Ela, então, estendeu a mão para ajudá-lo a se levantar, e nesse momento tudo ficou claro. Era sua avó. A avozinha querida da infância, a mãe de seu pai. Com certeza, teria notícias dele.

Nesse instante, sentiu que a visão espiritual começava a se dissipar, sentiu que caía. Despertou no corpo físico, assustado e dormente. Conseguiu se movimentar com naturalidade. Aproveitando a liberdade de movimentos, saiu da sala em desabalada carreira, olhos arregalados, sem olhar para trás, pensando somente em chegar a casa o mais rápido possível. No grupo, Dona Inês, que tinha percebido todo o movimento espiritual, explicou aos companheiros encarnados o acontecido, dizendo da orientação da Mentora Edith, de que ali estaria um futuro companheiro de trabalho. A rotina voltou ao normal, os trabalhos continuaram. No canto da sala Edith, sentada em prece, elevava os pensamentos a Jesus agradecendo pela oportunidade de ter trazido ali seu neto querido, e o envolveu em luz amorosa.

Semanas se passaram até que João convenceu Reginaldo a voltar ao grupo e iniciar os estudos sobre mediunidade. Aos poucos, começou a entender o processo de comunicação com os espíritos e como poderia utilizar sua capacidade mediúnica para auxiliar as pessoas. Uma noite, já mais acostumado com as pessoas, com os protocolos de tratamento, e com a presença da Espiritualidade Maior, percebeu a presença da avó novamente. Sorriu com vergonha da lembrança da fuga inesperada. A avó Edith o envolveu em um abraço amoroso, beijou sua face aonde já rolava uma lágrima e apontou para uma cadeira onde estava sentado seu pai, ainda se restabelecendo da desencarnação.

Alegria imensa invadiu seu coração; se no início viera ali por mera curiosidade, já começava a entender a beleza daquele trabalho e percebia a diferença que ele fazia na vida das pessoas. Naquele nosocômio, que se dedicava aos problemas dos vícios e das doenças mentais, por inúmeras vezes tinha presenciado o mover de Deus na vida das pessoas, modificando as situações mais adversas em possibilidades de evolução espiritual coletiva.

Reginaldo se comprometia cada vez mais com o trabalho espírita, frequentando as reuniões de estudo às sextas-feiras à noite e a de trabalho mediúnico às quartas-feiras. No início, a disciplina e a dedicação, mas a persistência é o grande teste que aprimora o trabalhador de qualquer seara, e a de Jesus não poderia ser diferente. Infelizmente, somente boa vontade não é suficiente na vida real.

À medida que o tempo passava, Reginaldo se tornava cada vez mais procurado para prestar assistência, dar opinião, trazer recados do Além e assistir a pessoas com dificuldades variadas, deixando que o orgulho e o ego abrissem "brecha" em sua missão mediúnica. Começou, então, a se considerar indispensável para o grupo e se sentir no direito de não ser tão vigilante quanto deveria, começando a ingerir bebidas alcoólicas em quantidades crescentes.

Esse fato por si só já é curioso, pois semanalmente ele percebia a presença dos irmãozinhos da espiritualidade menor que acompanhavam os drogaditos internados na casa. Eles se apresentavam com o corpo astral completamente desfigurado. O abuso das drogas promove anos de injúria crônica e persistente, com intensidade cada vez maior, que vai minando as barreiras energéticas defensivas até conseguir atingir o perispírito, corpo espiritual plástico em sua natureza. A agressão da droga nesse corpo em particular expressa-se através da exteriorização de toda a carga energética negativa, fazendo com que a forma humanoide seja danificada, e em casos mais graves se descaracterizando completamente em um processo denominado licantropia. O espírito comanda a mente que atua no corpo astral e esse através dos chacras e do duplo etérico comanda o corpo físico. A drogadição leva ao estado de irracionalidade primitiva. Esse estado mental mantido por anos altera a forma do perispírito.

Por mais que Reginaldo visualizasse esses irmãos, por meio da mediunidade, e percebesse de forma privilegiada a degradação espiritual causada pela drogadição, não conseguia se abster do álcool; ainda não encontrava forças para se sacrificar pelo trabalho do Cristo. Não percebia ele que esse ponto em particular era um dos principais compromissos dessa sua encarnação, em que deveria resgatar pelo amor e trabalho os débitos do passado.

Naquela noite especial, após a conversa com João, saiu em direção à festa de aniversário. Era um convite de uma pessoa que ele havia atendido no Hospital Espírita. Em verdade, Reginaldo deveria se preparar para a reunião na Colônia Esperança, contudo se deixou embalar pelos alcoólicos, sendo nessa tarefa acompanhado por irmãos interessados tanto no álcool quanto em prejudicá-lo.

Sem ainda entender que todo trabalho com o Cristo é uma sementeira cuja colheita pertence ao Pai, Reginaldo se deixava impressionar pelos elogios dos que o procuravam, esquecendo-se de que ele mesmo era apenas um instrumento, uma ligação entre os dois planos dimensionais. Imerso nessa sensação de poder ilusório, não percebia que era sutilmente envolvido por irmãos que procuravam desviá-lo do caminho cristão.

Marcos e Edith de tudo fizeram para influenciar Reginaldo, intuindo-o a se abster do álcool e evitar o envolvimento com energias que não coadunavam com o trabalho de caridade que executava. Doía muito a eles perceber essa escolha de Reginaldo, que na verdade já representava um padrão que se repetia no suceder de oportunidades reencarnatórias.

Capítulo 6

Prisão e liberdade

No início da madrugada, viam-se rastros de luz que desciam da Colônia Esperança em direção à Terra. Eram os seareiros que vinham buscar seus pupilos para a continuação dos trabalhos. O céu claro deixava entrever milhares de estrelas, como um tapete de diamantes que leva a um paraíso distante. A imensidão favorecia a sutileza dos pensamentos, e era impossível estar ali e não se deixar envolver pela sensação de grandeza do Criador.

Volitando juntos em direção à Terra, Marcos e Sita conversavam. Iniciado nos assuntos relacionados ao sutil no Oriente a alguns séculos, Sita explicava:

– Desde os primórdios da humanidade a História nos narra a crença na capacidade do homem em interagir no processo de saúde e doença. Os magos da Caldeia e os brâmanes da Índia buscavam curar pela aplicação do olhar, estimulando o sono e a letargia. No templo da deusa Ísis, às margens do Nilo, a imposição das mãos era usada pelos sacerdotes iniciados, para tentar aliviar o sofrimento de milhares de pessoas. Os gregos, que incluíram no seu modo de vida muita coisa do Egito, usavam a fricção das mãos no tratamento aos doentes.

Na Antiga Grécia havia templos dedicados ao deus da medicina (Esculápio ou Asclépio), onde os doentes eram curados durante o sono, de forma sobrenatural.

– É interessante observar como a noite e o sono sempre estiveram envolvidos em mistérios – disse Marcos.

– Sim meu amigo – respondeu Sita. – Na verdade, a atividade do espírito durante o sono é fantástica. Enquanto o corpo físico descansa o espírito se desdobra naturalmente, como um prisioneiro ao qual é oferecido a liberdade condicional.

Olhando o companheiro de trabalho, Marcos observava seus modos e a sua apresentação. Calmo, sereno, sempre amoroso e pensativo, era um espírito experiente e que demonstrava profunda compaixão pelo sofrimento humano. Trajando calças brancas e sandálias simples, feitas de um material que lembrava a palha, levemente mais escurecida, vestia um balandrau de cor salmão. Sentindo que Sita esperava por mais uma pergunta, aproveitou a oportunidade.

– Não seria mais fácil aproveitar o período de tempo enquanto dormimos para estudar e trabalhar mais, já que nosso espírito se encontra livre das amarras do corpo para isso? Isso não facilitaria nossa vida na Terra?

– Claro que sim – respondeu Sita. – Mas, não seria também mais fácil fazer isso enquanto estamos acordados? Na verdade, o grande Rabi galileu dizia 'que onde estiver seu tesouro aí estará seu coração'. Durante o desdobramento natural do sono seremos levados às regiões onde a nossa mente estiver fixada durante o dia. Se cultivarmos hábitos saudáveis e mantivermos bons pensamentos e atitudes, com certeza estaremos em planos espirituais mais felizes, e o contrário também é verdadeiro. A nossa vontade real, nossa intencionalidade é que determina nossa vida. Se passamos nossos dias na Terra envolvidos em estresse, mágoa, tristeza e apego, como esperar que nosso espírito possa estar leve para alçar voos? Enredados no emaranhado energético, criado por nossas mentes, estaremos obrigados a permanecer presos à nossa própria criação magnética, que funciona à guisa de peia magnética a nos puxar para baixo ou catapulta etérica a nos impulsionar para o alto.

O assunto poderia se delongar por horas, mas sabendo da responsabilidade que os esperava, Sita convidou Marcos a se concentrar na tarefa, explicando ainda que, mais tarde, falaria à comunidade de trabalhadores encarnados justamente sobre o tema do desdobramento.

Um a um os médiuns foram afrouxando os laços que os prendiam ao corpo físico, sob a proteção magnética dos amigos espirituais – um processo simples que acontece diariamente com todos. A diferença era que, para que a tarefa fosse coroada de êxito, um aporte magnético era fornecido tanto para o corpo astral que seria desdobrado quanto para o corpo físico que recebia especial cuidado na área cerebral.

Utilizando avançadas técnicas magnéticas, os seareiros dispersavam energias deletérias que se enredavam e prendiam os encarnados, da mesma forma que concentravam energia na área cerebral perispiritual e física.

Interessado em aprender, Marcos solicitou o esclarecimento do amigo oriental, que não se fez de rogado.

– Nosso interesse maior – explicou Sita – é fazer com que nossos irmãos possam ser desdobrados em segurança, evitando-se os choques vibratórios da viagem astral, com sobressaltos na economia somática. Da mesma forma, é interessante que saturemos o cérebro físico de energia sutilizada, que mais se coaduna com a nossa esfera de ação, possibilitando assim que os mesmos lembrem o máximo possível das informações que escutarão hoje.

De forma mais ou menos fácil, todos os companheiros do grupo mediúnico foram sendo desdobrados, com exceção de Reginaldo, que permanecia jungido ao leito. Era triste a cena que ali se desenrolava. Reginaldo dormia um sono agitado, envolvido pelos irmãos da espiritualidade menor que se aproveitavam de sua "frouxidão" moral. Sem conseguir se separar do corpo físico, nosso amigo sofria a injunção magnética deletéria dos parceiros com os quais dividia os etílicos. Havia já uma lesão no duplo etérico, de forma especial no chacra esplênico, por onde os companheiros desencarnados sugavam a energia alcoólica transmutada em energia eletromagnética de baixo teor vibratório.

Percebendo a presença amorosa dos irmãos protetores, em um misto de vergonha e necessidade, Reginaldo estendeu a mão como a pedir socorro. Nesse instante, instado pelo comando mental de Sita, Marcos se aproximou retirando do bolso um pedaço de pano alvíssimo e tessitura agradável e passou a cuidar do pupilo, enxugando o rosto de Reginaldo que estava banhado em suor pegajoso.

– Meu irmão – esclareceu Marcos – infelizmente a sua imprevidência o impossibilita de comparecer a esse banquete de luz que com certeza teria efeitos extremamente positivos na sua jornada evolutiva. Mas não se desespere, apesar da escolha pessoal, Deus que é Pai de amor e perdão possibilita que você seja assistido com fraternidade amorosa. Vamos fechar nossos olhos e elevar nossos pensamentos ao Altíssimo implorando pelo melhor.

Luzes coloridas caiam do Alto ao final da oração, adormecendo os incautos parceiros de Reginaldo e possibilitando a ele descanso temporário. Apesar da tristeza, Marcos sabia que isso era tudo o que poderia fazer naquele momento. Acolhendo Edith no recinto, que veio em apelo à sua oração, deixou a irmã a cuidar do neto-médium e partiu novamente em direção à Colônia Esperança.

O zimbório brilhante falava da longa jornada a caminho da luz. Paciência e entendimento. Um dia todos aportaremos lá. Por enquanto, vale lembrar que está tudo certo, na hora certa, do jeito certo e com as pessoas certas, por mais que as impressões nos façam entender de forma contrária. Animado por esses pensamentos Marcos viu ao longe a entrada para a Colônia. Acionando pequeno mecanismo magnético, imperceptível à primeira vista, fez entrar a caravana de encarnados e desencarnados que seria agraciada com a oportunidade de participar desse intercâmbio de luz.

Capítulo 7

O desdobramento

Confortavelmente instalados nas poltronas do auditório, os trabalhadores assistiam a pequeno filme. Uma cena comovente e interessante estava sendo mostrada.

Em um centro espírita humilde do interior do Brasil, o querido médium Chico Xavier escrevia enquanto lágrimas escorriam em sua face. Era o fim da década de 1950. Chico, sentado em uma cadeira de madeira simples, a mão esquerda sobre os olhos, recebia a influência amorosa do espírito Hilário Silva. Mas não era uma conversa normal, era antes uma comunicação não verbal em que o médium percebia a cena, as cores, as vozes e os sentimentos, como se os mesmos acontecessem ali, naquele momento. Da tela mental de Hilário a história fluía e Chico a colocava no papel. Por meio de mecanismos ainda desconhecidos, os trabalhadores encarnados ali presentes observavam as imagens na grande tela e percebiam as sensações, extremamente emocionados, conforme descrito no livro *A vida escreve*[1]:

---

1 Francisco C. XAVIER, *A vida escreve*, cap.27, pág. 112.

Começara Eurípedes Barsanulfo, o apóstolo da mediunidade, em Sacramento, MG, observar-se fora do corpo físico, em admirável desdobramento, quando, certa feita, à noite, viu a si próprio em prodigiosa volitação. Subia, subia sempre, amparado por braços intangíveis. Viajou, viajou até que se reconheceu em campina verdejante.

Reparava na formosa paisagem, quando, não longe, avistou um homem que meditava, envolvido por doce luz.

Como que magnetizado pelo desconhecido, aproximou-se...

Houve, porém, um momento em que estacou, trêmulo.

Algo lhe dizia no íntimo para que não avançasse mais...

E num deslumbramento de júbilo, reconheceu-se na presença do Cristo.

Baixou a cabeça, esmagado pela honra imprevista e ficou em silêncio, sentindo-se como um intruso, incapaz de voltar ou seguir adiante.

Ofuscado pela grandeza do momento, começou a chorar...

Viu, porém, que Jesus também chorava...

Traspassado de súbito sofrimento, por ver-lhe o pranto, desejou fazer algo que pudesse reconfortar o Amigo Sublime... Afagar-lhe as mãos ou estirar-se à maneira de um cão leal aos seus pés...

Mas estava como que chumbado ao solo estranho...

Recordou, no entanto, os tormentos do Cristo, a se perpetuarem nas criaturas que até hoje, na Terra, lhe atiram incompreensão e sarcasmo...

Nessa linha de pensamento, não se conteve.

Abriu a boca e falou, suplicante:

Ah... Senhor, por que choras?

O interpelado não respondeu.

Mas desejando certificar-se de que era ouvido, Eurípedes reiterou:

– Choras pelos descrentes do mundo?

Enlevado, o missionário de Sacramento notou que o Cristo lhe correspondia agora ao olhar.

E, após um instante de atenção, respondeu em voz dulcíssima:

Não, meu filho, não sofro pelos descrentes aos quais devemos amor. Choro por todos os que conhecem o Evangelho, mas não o praticam...

Eurípedes não saberia descrever o que se passou então. Como se caísse em profunda sombra, ante a dor que a resposta lhe trouxera, desceu, desceu... E acordou no corpo de carne.

Era madrugada. Levantou-se e não mais dormiu.

Encerrando-se a projeção diferente, Sita encaminhou-se com tranquilidade para a tribuna, iniciando sua fala com a voz calma e amorosa, uma característica de sua personalidade.

– Meus irmãos queridos, observamos nesse filme um fato que acompanha a humanidade desde sempre, o desdobramento espiritual. Fato normal e recorrente que acontece naturalmente durante o sono, mas que pode também ocorrer pela ação da nossa vontade.

A cultura dos povos antigos fala-nos da existência de um corpo sutil, capaz de desprender-se do corpo somático e viajar para lugares distantes ou a outros planos de vida.

Esse segundo corpo que se projeta recebe um nome distinto em cada cultura, antiga ou atual. Os hebreus o chamavam ruach; os egípcios, o ka, réplica exata do corpo físico, porém mais sutil; os gregos o denominavam ameidolon; os romanos, larva; no Tibete, bardo; na Noruega, fylgja, enquanto os antigos bretões lhe davam vários nomes – fetch, waft, task e fye.

– Na Bíblia vemos as narrativas de casos de desdobramento espiritual. Em Ezequiel 3:14, por exemplo, o profeta descreve assim o seu desdobramento: "Então o espírito me levantou, e me levou; e eu me fui mui triste, no ardor do meu espírito...", No Apocalipse 1:10, o apóstolo São João relata também a sua experiência: "Eu fui arrebatado em espírito no dia do Senhor...". São Paulo na segunda epístola aos coríntios 12:2, escreveu: "Conheço um homem em Cristo que há 14 anos (se no corpo não sei, se fora do corpo não sei: Deus sabe) foi arrebatado até o terceiro céu".

– Em tempos mais recentes, há o exemplo de Emmanuel Swedenborg (1688- 1772) – filósofo sueco que se projetava frequentemente, segundo o registro de suas experiências nos Diarii Spiritualis – e do escritor francês Honore de Balzac (1799-1850) – que falou da projeção do espírito na sua novela autobiográfica, Louis Lambert. Ele escreveu, por exemplo: "Ora, se meu espírito e meu corpo puderam separar-se durante o sono, por que não poderei eu divorciá-los igualmente durante a vigília?".

Interrompendo sua fala para que os presentes absorvessem o assunto, Sita observou a expressão dos visitantes. O tema era interessante, todos mostravam interesse natural, pois não era através do desdobramento que estavam ali?

– Na época atual, vamos encontrar a palavra escrita do grande Victor Hugo – disse Sita retomando sua palavra amiga – que nos narra no livro *Trabalhadores do Mar*:

> O sono está em contato com o possível, que também chamamos o inverossímil. O mundo noturno é um mundo. A noite é um universo. O organismo material humano, sobre o qual pesa uma coluna atmosférica de 15 léguas de altura, chega à noite fatigado, cai de fraqueza, deita-se, repousa;

fecham-se os olhos da carne; então, naquela cabeça adormecida, menos inerte do que se crê, abrem-se outros olhos, aparece o desconhecido. As coisas sombrias do mundo ignorado tornam-se vizinhas do homem ou porque haja verdadeira comunicação, ou porque as distâncias do abismo tenham crescimento visionário; parece que as criaturas invisíveis do espaço vem contemplar-nos curiosas a respeito da criatura da terra; uma criação fantasma sobe ou desce para nós, no meio de um crepúsculo; ante a nossa contemplação espectral, a vida que não é a nossa agrega-se e dissolve-se, composta de nós mesmos e de um elemento estranho; e aquele que dorme, nem completo vidente, nem completo inconsciente, entrevê as animalidades estranhas, as vegetações extraordinárias, as cores lívidas... Todo esse mistério a que chamamos sonho e que não é mais do que a aproximação de uma realidade invisível. O sonho é o aquário da noite.

– Caros companheiros de jornada, é chegado o momento de aprofundarmos o nosso conhecimento sobre a relação do mundo físico com o sutil. Uma das inúmeras ferramentas que temos para isso é o desdobramento consciente. Venho conclamar a todos que formem um grupo de estudiosos, se empenhem, estudem, se dediquem com disciplina e boa vontade, para que através da viagem astral consciente possam aprender e conhecer melhor o Plano Espiritual e concomitantemente a isso trabalhar em favor dos necessitados. Oportunidade de aprendizado e labor não faltará àqueles que têm o coração ansioso por auxiliar o Cristo na instalação do seu Reino de paz na Terra e nos nossos espíritos ainda sedentos de luz. Vamos juntos nessa tarefa redentora. Deus está no comando. Que a paz de Jesus abrace a todos por mim.

Encerrada a reunião, todos se sentiam maravilhados com aquele convite tão peculiar. Aos poucos, os trabalhadores começaram a se dispersar, cada um sendo levado de volta ao corpo físico e acoplado com segurança. Nova era se iniciava para aqueles corações esperançosos de resgatar pelo amor as iniquidades cometidas no passado.

Capítulo 8

Visitando o jardim

O HERBALISMO ESTUDA AS PROPRIEDADES medicinais das plantas. Manipular as plantas para produzir medicamentos antecede a História da Humanidade. Nossos antepassados utilizavam ervas e especiarias não somente para temperar os alimentos, eles observavam suas propriedades curativas e as utilizavam na vida cotidiana. É o que a ciência moderna consideraria tal qual um estudo analítico.

A literatura espiritualista é rica de relatos mediúnicos e anímicos acerca do mundo espiritual, que nos mostram a diversidade da flora nos Planos Espirituais. Obviamente, quanto mais sutil e elevado é o Plano Espiritual, mais belos os espécimes lá cultivados.

Esse assunto estava sendo debatido na Colônia Esperança e Marcos acompanhava com interesse a discussão. Um senhor com aparência de alguém com 60 anos de idade, maneiras simples e humildade natural, explicava sobre o assunto.

Estavam todos em um amplo jardim da Colônia, muito bem cuidado e que servia de local de visitação, descanso, estudo e meditação. É considerado um lugar muitíssimo especial, não somente por sua beleza, mas por suas características terapêuticas. Tudo ali surpreende, encanta pela perfeição e beleza.

Marcos se deliciava, via flores que se abriam enquanto o grupo passava por elas, e sentia que delas fluía energia, uma substância sutil, colorida, brilhante e perfumada que tocava levemente os corpos, em manifestação de carinho. Era o jardim dando as boas-vindas aos visitantes, e ele sentia seu espírito ser invadido por um misto de querer ser, querer ter ou assimilar, reter o que presenciava.

O guia mostrava os detalhes das plantas, as cores, dando explicações objetivas e respondendo perguntas.

– Nosso jardim, cujo acesso agora vos está sendo permitido – enfatizou, olhando a todos nos olhos – é a mais pura representação da paz que podemos construir, por promover mudanças de nossa própria manifestação no mundo. É restrito a poucos, não por egoísmo, mas pela própria incapacidade de muitos estarem aqui, fruindo de sua atmosfera.

– As plantas terrenas também são seres vivos – continuou o senhor – e contêm corpo físico, duplo etérico e uma essência espiritual, juntamente com um perispírito em desenvolvimento, quase rudimentar, mas já com alguns milhares de anos. É bom que façamos uma distinção. As plantas não possuem uma individualidade. O duplo etérico é um corpo formado pela energia da Terra. À medida que a planta cresce e forma seu arcabouço físico, material, a metabolização do fluido cósmico universal produz o duplo etérico, ou seja, cada célula da planta possui uma cópia etérica. Quando a planta morre, o duplo etérico se desfaz e a energia volta ao planeta.

Um grupo de 12 pessoas caminhava dentro de um viveiro, seguindo o Sr. Antônio, o simpático senhor que falava de maneira tão singela, mas ao mesmo tempo demonstrava enorme segurança quanto ao que afirmava. Marcos se admirava em ver como no Plano Espiritual os mais sábios se esforçavam por transmitir os conhecimentos de forma natural e leve. Tão diferente do plano carnal, pensava. Na Terra, com raras exceções, o conhecimento era exibido como um troféu e seus detentores tinham certeza de que deveriam ser tratados como seres à parte, especiais.

Antônio, percebendo a mente absorta de Marcos, ao mesmo tempo que o chamava pelo nome mostrava à turma uma planta: – Marcos, irmão querido – observe essa planta.

Marcos, chamado nominalmente, e corando de leve por entender o objetivo do Orientador, deparou-se com um espécime de planta belíssima. Era uma árvore imensa, uma espécie de trepadeira que formava um teto aveludado de cor violeta sobre as cabeças dos visitantes. Podia-se andar aproximadamente vinte metros embaixo dessa abóboda floral.

– Essa árvore, companheiros, é uma Glicínia – explicou Antônio – uma trepadeira com folhas em forma de pinha, compostas por 9 a 19 folíolos, de coloração avermelhada quando mais novas, tornando-se violeta à medida que o tempo passa. Os cachos de flores são longos pêndulos, carregados de numerosas flores que nesse caso são roxas, mas podem ser azuis, róseas ou brancas.

A sensação de estar ali era como se o céu de repente tivesse sido atapetado com um carpete bem macio e de cor lilás-violeta. Havia um brilho diferente que vinha diretamente da planta, e ao observar de perto tinha-se a impressão de que ela se mexia bem devagar, e o vento, ao passar por ela, deixava música suave, quase hipnótica.

– Cada planta tem propriedades curativas ou tóxicas a depender de vários fatores – continuou o Guia. Composta de substâncias de variadas dimensões entrelaçadas em torno do eixo espiritual, cada espécie do reino vegetal se apresenta com uma cor específica, um sabor, propriedades fisico-químicas que podem curar ou matar a depender da dosagem e da forma como são utilizadas. Mas, além disso, existem também as propriedades etéricas, astrais e espirituais. Os estudiosos da Terra, apesar de estarem no caminho certo, ainda estão longe de entender os aspectos sutis contidos na natureza. Analisem essa planta – solicitou o irmão. – Aproximem-se dela e tentem sentir, ouvir, cheirar, ver o que mais lhes chama a atenção.

Os doze estudantes da Colônia, entre os quais se incluía Marcos, obedeceram. Observaram os detalhes das flores, o cheiro, o som musical do silêncio do vento passando entre seus galhos e pareceram satisfeitos com o resultado. Porém, Antônio, acostumado com esse momento e sabedor das limitações do grupo iniciante, convidou todos a refazerem a experiência, após uma prece.

Intrigados, todos os componentes da singular reunião se concentraram e passaram a escutar sentida prece, proferida pelo Guia, ao mesmo tempo em que ele infundia em todos um fluido magnético que saia de suas mãos em passe concentrador sobre a região da cabeça de cada um.

– Tentem novamente – solicitou o Instrutor.

Ó surpresa memorável! A segunda tentativa foi muito diferente. Eles podiam, naquele momento, auxiliados pelo influxo magnético, sentir tudo de forma diferente. Ao se aproximarem das flores escutavam súplicas, agradecimentos, viam faces, famílias, cenas que se desenrolavam com naturalidade. Era como penetrar em um mundo sagrado, íntimo, de milhares de pessoas que tinham passado por ali e, encantadas com a beleza daquela árvore, elevado seus pensamentos ao Criador de alguma forma.

– Vejam meus amados, tudo o que falamos, sentimos e fazemos tem impacto na economia energética universal. É natural que ao se aproximar de um lugar tão bonito, as pessoas deixem aqui o que têm de melhor. Ao longo dos anos, essa árvore tem sido a confidente de milhares de pessoas. Esses pensamentos alimentam de energia positiva o local e a própria trepadeira. Quando temos olhos de ver e ouvidos de ouvir percebemos que não há limites para a ação do bem.

Encantados com o aprendizado, os alunos começaram a se retirar aos poucos. Marcos aproveitou a oportunidade para se aproximar do Professor.

– Professor Antônio, tenho algumas dúvidas, você poderia me ajudar?

– Marcos, em primeiro lugar, me chame de Antônio. Você sabe muito bem que aqui onde habitamos deve imperar o princípio da equanimidade. Somos literalmente todos iguais perante o Pai maior.

Sentindo-se à vontade com tamanho carinho, Marcos se animou.

– Antônio, iniciamos um trabalho no grupo mediúnico fraterno e gostaria de saber se posso trazer os encarnados participantes aqui em desdobramento. Acho que faria um bem enorme a todos conhecerem esse jardim.

Após pensar alguns segundos, Antônio respondeu: – Tenho conhecimento desse projeto, o qual tem todo o meu apoio. Entretanto, devemos considerar alguns pontos. Esse ambiente é sagrado e deve ser tratado assim por todos que aqui entrarem. Não devemos menosprezar os sentimentos guardados e impregnados nesse local. A visitação é permitida, mas é de responsabilidade dos Orientadores Espirituais saberem os que podem entrar aqui sem que exista profanação da sacralidade das emoções, compreende?

Marcos, em silêncio, afirmou, com um menear da cabeça, que entendia o processo.

Antônio, então, continuou:

– Há muitas décadas um iniciado japonês de nome Kanashiro cultivou na Terra uma árvore como essa, com o intuito de celebrar a vitória da vida sobre todas as adversidades.

– Quando desencarnou, para sua surpresa e alegria, na Colônia onde foi morar existia uma árvore com as mesmas características. Intrigado com o fenômeno foi-lhe explicado que antes de reencarnar ele já havia cultivado essa planta no Plano Espiritual. Antes mesmo da sua reencarnação a frondosa espécie já era admirada pelos habitantes da Colônia e de outros que visitavam amigos e parentes ali. Tornou-se então um hábito a visitação acompanhada de uma prece, que cada vez mais alimentava a trepadeira.

– Quando conheceu essa Colônia, Eurípedes solicitou permissão a Kanashiro para transplantar a árvore para a Colônia Esperança. Kanashiro gostou tanto da ideia que ele mesmo veio plantar a árvore aqui e frequentemente faz visitas à Colônia. A área abaixo desse céu aveludado de flores tem sido palco de aulas e debates sobre o ecumenismo, técnicas complementares de tratamento, alguns já existentes na Terra e outros que ainda chegarão. Percebe a importância do lugar?

– Sim, compreendo – respondeu Marcos respeitoso. – Honrarei esse local com todo meu amor, pode ter certeza.

– A minha sugestão para você – arrematou Antônio – é aguardar. Em um momento apropriado, todos os encarnados terão a oportunidade de conhecer esse pedacinho do céu, talvez de uma forma melhor do que você imagina.

Abraçados fraternalmente e emocionados, deixaram o local, elevando a Deus um pensamento de gratidão por poderem presenciar um recinto de tamanha beleza. Marcos, que amava tanto aquele grupo de trabalhadores encarnados, sonhava com a hora de vê-los ali aprendendo embaixo daquele teto violeta de flores.

Capítulo 9

O Lar da Criança

A ATIVIDADE NO GRUPO mediúnico era cada vez mais intensa. A reunião de trabalho se restringia às quartas-feiras, porém o grupo se encontrava uma vez ao mês com o intuito específico de estudar e treinar o desdobramento consciente, deslocando-se até a Colônia Esperança e aprendendo cada dia um pouco mais.

Mariana era sempre a mais entusiasmada. Apesar de ser a mais nova, trazia no seu coração a certeza absoluta do caminho a seguir. Sempre almejara se dedicar a esse tipo de atividade. Quando adolescente lia as obras de André Luiz e se inebriava com tanta informação interessante. Agora, que era protagonista dessa vivência espiritual, pensava que era como se enxergar em um dos livros psicografados por Chico Xavier. Sentia gratidão imensa por estar ali, sabedora que era das suas limitações. Mas, o que ninguém poderia lhe tirar era o amor que devotava ao trabalho. Nisso era imbatível.

Naquele dia, o estudo versava sobre os florais. Mariana observava atentamente o material preparado por Renato, médium do grupo a quem admirava muito. Odontólogo, ele dividia seu tempo livre entre os estudos e a família, sendo casado e pai de três lindos filhos.

– Dr. Edward Bach (1886-1936), médico patologista e bacteriologista inglês – iniciou Renato – em cinco anos de trabalho e pesquisa, desenvolveu uma medicina natural para tratar a saúde emocional e espiritual. Descobriu basicamente 38 essências extraídas de flores para cada estado emocional específico. Deixou dois livros: *Cura-te a ti mesmo* e *Os doze curadores e outros remédios*. Essas essências podem ser utilizadas de forma simples com resultados interessantes e algumas vezes extraordinários. Porém, nosso objetivo aqui hoje é salientar que na Espiritualidade podemos manipular essas essências e trazer para os assistidos do nosso grupo, ou seja, durante nossos atendimentos mediúnicos podemos solicitar à Espiritualidade que trate o corpo astral e mental de nossos assistidos com essas essências. Podemos ainda ser intuídos a utilizar essas essências, mas para isso necessitamos conhecimento, que vem somente pelo estudo. O conhecimento liberta o ser e gera intenção ativa.

Renato falou sobre as flores de Bach e de outros sistemas como o californiano e os florais de minas, exemplificando algumas essências mais utilizadas nos pacientes com transtorno mental e que poderiam ser úteis naquele nosocômio.

Encerrando sua apresentação, Renato sentou-se junto ao círculo de médiuns e iniciou o relaxamento visando ao desdobramento.

Sr. José tomou a palavra e invocou a Proteção Divina naquela sala de estudo e trabalho, pedindo aos Mentores que se fizessem presentes orientando e direcionando a reunião. Sita, exercendo influência magnética poderosa no coordenador encarnado passou a comandar a reunião por seu intermédio.

– Vamos todos elevar nossos pensamentos ao Alto – iniciou Sr. José, teleguiado por Sita – mentalizando que expandimos a nossa energia na sala. A cada respiração, que possamos perceber nossa energia ampliar-se mais um pouco. Quando eu contar até três vamos compactar a energia em nós e nesse retorno iremos concentrá-la no nosso canal fluídico, que os orientais chamam de Sushuma.

– Sintam agora essa energia limpando esse canal, descendo do chacra coronário ao chacra básico, e fazendo o sentido inverso, cada vez mais rápido. Eleve sua frequência vibratória conscientemente. Isso irá lhe trazer proteção espiritual e ajudará no desdobramento consciente que necessitaremos hoje.

Após alguns minutos naquele exercício, os médiuns sentiram-se saindo do corpo. Obedecendo ao comando mental do Sr. José, partiram em direção à Colônia Esperança.

A energia na sala era quase palpável, e os trabalhadores sentiam a leveza daquela atividade. Assim como vinha acontecendo eles começaram a se perceber desdobrados, na Colônia.

Marcos, se fazendo visível a todos, passou a ciceronear o grupo.

– Amigos queridos – falou mansamente – hoje teremos o privilégio de guiá-los por uma parte importante da nossa cidade. Vocês serão apresentados ao local para o qual foram designados a trabalhar em desdobramento. O amplo Hospital Esperança com suas várias frentes de serviço apresenta uma unidade muito especial, o Lar da Criança Menino Jesus, Instituição criada para receber crianças desencarnadas em situações muito difíceis, e por isso muito necessitadas do nosso amor.

– Esses irmãos, espíritos eternos que desencarnaram na infância e adolescência na Terra, são trazidos aqui pela misericórdia divina, para que recebam assistência adequada e sejam preparados para a reencarnação. Muitas vidas já tiveram, assim como todos nós.

– No Hospital Esperança atendemos a casos variados, com alas específicas para os confrades espíritas que fracassam na tentativa de redenção no trabalho cristão. Aqui não. Restringimos nossa ação às crianças, que encontram nos trabalhadores Pais e Mães de amor.

Caminhando em direção ao casarão, em estilo colonial que abrigava o Lar, todos se maravilhavam com a beleza e a limpeza do local. A natureza era parte dominante do cenário. Marcos, observando o interesse dos trabalhadores, elucidava acerca da importância da natureza em tudo o que é feito na cidade espiritual.

– Aqui na Colônia Esperança ensinamos o respeito à natureza através do contato diário com as plantas, os animais e a água. O diferencial está no tempo de contato e na abordagem respeitosa e interativa a que a criança é induzida e orientada sobre tudo isso. Todos os dias, aquelas que estão em condições de sair de seus quartos e leitos são levadas em grupo para caminhadas na mata, à beira do riacho e do lago. Tocam nas árvores e outras plantas, são estimuladas a sentirem bem de perto o aroma das plantas, a textura de suas superfícies e a observarem as suas cores.

– Ao expô-las desta forma ao ambiente, promovemos um tratamento muito intenso, uma vez que todos os elementos que utilizamos para esse tratamento atuam diretamente, com a ajuda dos monitores que as acompanham. Ao tocarem nas plantas, fluidos brilhantes e suaves se deslocam para o organismo das crianças, promovendo um banho de luz e energia.

Naquele exato momento, todo o grupo observou na entrada do Lar uma criança tocando as pedras na margem do lago, sentindo o calor do sol nelas retido, e de olhinhos fechados ouvia o adulto ao seu lado dizer que, quando amamos as pessoas e somos boas com elas deixamos em suas almas o calor do nosso coração, como o sol deixa seu calor nas pedrinhas.

– Nestas oportunidades – continuou Marcos – os monitores que as acompanham também promovem diálogos sobre o seu comportamento em relação aos animais, aos insetos, à água, chamando ao aprendizado acerca de respeito, cuidado e amor a tudo que existe, esclarecendo sobre a ligação entre todas as coisas. Além disso, não perdemos a oportunidade de mostrar a beleza e a perfeição contidas na natureza. Aproveitamos o tempo, as fases de maturação, a energia em movimento, a diversidade, a harmonia, sempre fazendo analogias com a nossa evolução espiritual, utilizando a simplicidade como apoio no aprendizado.

– Tudo é aproveitado tal qual um meio de abertura para o que é espiritual e sutil. Mesmo que as crianças reencarnem em ambientes adversos e contrários ao que lhes foi ensinado, suas almas levarão essas marcações e registros para onde forem, colocando-os em evidência, ao menor estímulo.

Animado pela explicação, o grupo caminhou em direção ao Lar. Logo à entrada observou vários adultos conversando animadamente com algumas crianças. Ao chegar mais perto notou que da cabeça deles saía um fio prateado, identificando que estavam encarnados, visitando as crianças.

– São os futuros pais – esclareceu Marcos. – A presença deles aqui é fundamental para a tranquilidade do processo reencarnatório. O equilíbrio é importante, pois essas crianças são em sua maioria espíritos rebeldes, relacionados a guerras, desordens psíquicas de toda sorte, drogadição e outros problemas graves que os fizeram desencarnar ainda na infância. Por isso, a qualidade amorosa do nosso grupo é primordial no processo de cura.

O grupo, ao subir os primeiros degraus do casarão, era esperado por uma senhora de aparência sexagenária – era Carolina, a coordenadora do "Lar da Criança Menino Jesus". De estatura mediana, cabelos curtos e crespos, com roupas típicas de enfermeira e usando óculos de lentes espessas, recebeu a todos com um abraço afetuoso.

– Temos aqui um trabalho assistencial complexo e organizado – principiou a Irmã Carolina. – Nossa equipe é responsável direta por mais de dez mil espíritos encarnados e desencarnados. Cuidamos dos que vão reencarnar, dos que estão encarnados e dos que irão desencarnar. É o ciclo da vida, ininterrupto, justo, preciso e arrebatador.

– O Lar da Criança é um apêndice do Hospital Esperança, mas isso não diminui a complexidade do trabalho aqui realizado. Temos diversas áreas internas e utilizamos as áreas externas, principalmente as ligadas à natureza, como bem explicou Marcos. A chegada desses irmãos aqui é feita na maior parte pelo Centro de Triagem que funciona no pronto-socorro, catalogando dores e distribuindo os recém-chegados conforme a necessidade.

– A maioria deles chega em situação muito difícil, necessitando assistência em período integral. Espíritos abnegados se constituem em Pais e Mães de amor, cuidando com desvelo desses menores inconsequentes e necessitados. À medida que vão melhorando, os internos passam a ocupar enfermarias onde a energia é mais sutil e podem participar de todas as atividades da casa, se preparando para o regresso.

– Cada ala possui um representante, que tem a chance de praticar aqui na Espiritualidade muito do que aprende em nossos educandários.

Os médiuns caminhavam arrebatados. Após a escadaria, via-se na chegada uma ampla recepção onde predominava a luz azul, e podia-se ouvir uma música ambiente trazendo serenidade. Subindo por uma escada de pedras brancas entraram em espaçoso corredor com várias enfermarias. Claramente, se percebia que as enfermarias respeitavam uma ordem relacionada à gravidade dos casos. Os internos mais próximos da reencarnação ficavam nas primeiras. As do meio do corredor eram ocupadas por crianças e adolescentes em franca recuperação, e as últimas continham espíritos em estado mais grave, até chegar à ala dos abortados, onde a energia era muito densa.

– Infelizmente, não poderemos adentrar a essa ala hoje – elucidou Carolina – pois a maioria de vocês não está preparada para isso. Aos poucos, conforme se familiarizarem com o trabalho, terão a oportunidade de conhecer cada enfermaria, cada trabalho dessa casa de amor.

Marcos, Sita e Carolina amparavam a todos, demonstrando enorme carinho pelo grupo. Rapidamente, foram explicando sobre as outras dependências do Lar. Era uma estrutura admirável. Possuía uma ala para preparação de medicamentos, onde especialistas em fitoterapia, homeopatia e florais manipulavam as energias da natureza para os tratamentos. Além disso, conheceram a brinquedoteca, a cozinha com seus complexos mecanismos de impregnação magnética da energia nos alimentos e o centro cirúrgico. Foram informados que ainda existia no Lar uma ala destinada às crianças com desordens mentais graves, e no subterrâneo da casa uma enfermaria que funcionava nos moldes das câmaras de retificação, descritas por André Luiz, na obra de Francisco C. Xavier, onde espíritos mais empedernidos no mal permaneciam sob vigilância rigorosa.

Mariana não cabia em si de contentamento. Perguntava sem parar, querendo conhecer os detalhes de cada atendimento e como o grupo poderia auxiliar. Dona Inês, com sua percepção afinada, a tudo compreendia e cada vez mais se maravilhava com aquele trabalho. Sentia-se privilegiada e grata ao Pai por estar ali, como uma seareira do Cristo. Renato, em meio à alegria e à tristeza, tinha sensações mistas. Lembrava-se de ter estado ali, e intuía que isso se relacionava ao seu filho mais novo.

A visita chegava ao fim. Os corações estavam leves. Carolina, tomando a palavra se dirigiu ao grupo.

– Queridos, mesmo que vocês não se lembrem, a programação desse trabalho se iniciou vinte anos antes da reencarnação de Mariana, a mais nova do grupo. Todos vocês participaram disso ativamente, com mais ou menos responsabilidades no processo. Não há acaso. Em tudo vemos que a disciplina e a organização divina regem o processo.

– Confiem! Tenham em nós os amigos de primeira hora. Estaremos sempre juntos. Se alguém quiser perguntar sobre alguma coisa fique à vontade.

– Irmã Carolina – indagou Mariana – notei que as crianças se apresentam tranquilas, mesmo as que ainda demonstram sofrimento. Como isso é possível?

Olhando todos com amorosidade, Carolina respondeu:

– Por mais que, às vezes, lutemos contra a nossa evolução, internamente todos sabemos que Deus é um Pai amoroso, e que o sofrimento na verdade é uma grande oportunidade de crescimento. O problema não é sofrer, é se sentir desamparado. Quando, apesar do sofrimento, sentimo-nos amados, tudo suportamos.

Satisfeitos com a resposta, todos saíram silenciosamente. Atravessaram o corredor, e descendo as escadas chegaram à recepção e de lá caminharam para a entrada do Lar. Uma fonte com luzes coloridas ao pé da escada brindava o ambiente com beleza e tranquilidade. Elevando os pensamentos a

Deus, o grupo capitaneado por Marcos encetou bonita prece de agradecimento. No alto, as estrelas falavam de mundos indevassáveis, de promessas de luz, de um Deus que a todos ampara e de todos cuida. Com lágrimas de gratidão teimando em cair dos olhos, todos retornaram amparados pelos trabalhadores espirituais.

Capítulo 10

O Templo de Cristal

O GRUPO ESTAVA EM DESDOBRAMENTO no gramado do Lar da Criança. Era noite. A Colônia, devido à sua proximidade com a Terra, respeita o ciclo noite e dia do planeta, sofrendo também as influências do Sol e da Lua, porém o ambiente espiritual avançado proporciona um clima sempre mais ameno e tranquilo.

Viam-se pássaros com cores exuberantes voando ao redor de toda Colônia. As plantas eram mais vivas e mais coloridas.

Conversando animadamente, o grupo se preparava para adentrar o hospital quando a figura de Sita surgiu entre eles. A sua calma era tão aparente que ele sempre inspirava o melhor das pessoas. Era impossível estar ao seu lado e não se sentir motivado a crescer e a evoluir no espiritual. Cumprimentando a todos com seu sorriso amável ele iniciou a conversação.

– Queridos amigos. Todos vocês já ouviram falar do poder das pirâmides terrenas. Construções assombrosas realizadas em uma época ainda obscura da humanidade relatam de forma inequívoca a influência da energia no plano físico. Pesquisas variadas demonstraram que os alimentos se conservam quase milagrosamente dentro de uma pirâmide. Corpos sem vida não se decompõem, mas desidratam, entrando em processo de mumificação.

– Pois bem, aqui na Colônia utilizamos esse conhecimento a nosso favor, mantendo um local para meditação e tratamento. Nosso corpo espiritual ainda é sujeito a influências externas e precisa estar periodicamente limpo e harmonizado.

– Espíritos ligados à ancestralidade asiática se dispuseram a construir e a manter um templo dentro de uma filosofia iniciada pelo Mestre Ramatís, criador da fraternidade da cruz e do triângulo, que visa à união dos conhecimentos orientais aos ensinamentos amorosos do Cristo Jesus.

Enquanto falava Sita começou a se deslocar, convidando todos a segui-lo. Passando pelo pé da escadaria que dava acesso ao Lar da Criança, eles contornam pela esquerda toda a estrutura, seguindo um caminho marcado por pedras irregulares e de cor clara. Árvores frondosas entremeavam a trilha, tornando-o leve e agradável. O vento trazia a canção da natureza que os rodeava, falando de paz e serenidade, mas também de perseverança, e de uma construção começada há muito tempo e que exigia cuidados constantes.

João se maravilhava com todo o cenário. Amante da natureza, sempre que trabalhava na mesa mediúnica era levado a locais onde os espíritos lhe mostravam o poder terapêutico das plantas e das flores. Paupérrimo, não tivera a chance de se alfabetizar na infância, vindo a fazê-lo na vida adulta. Apesar das dificuldades e da ignorância, se esforçava para aprender e amava aquele trabalho. Ali era um cantinho do céu, onde ninguém o julgava pela aparência, pela cor, pela situação financeira ou qualquer outro parâmetro.

A visão que João tinha à sua frente fez com que uma grossa lágrima caísse de seus olhos. Um maravilhoso templo de cristal.

Era uma pirâmide enorme, com quatro lados, sendo que cada lado media 68,4 metros na base. Tinha quase 12 metros de altura. Mas, o mais interessante é que ela flutuava. João não conseguia entender como aquela estrutura enorme poderia flutuar. Não havia nada entre ela e o chão.

– Sejam bem-vindos ao Templo de Cristal – iniciou Sita. – Vejam que os conhecimentos de magnetismo atuam fortemente nessa construção. A forma como foi criada e seu revestimento de cristal proporcionam leveza e criam um campo magnético terapêutico inimaginável para o homem moderno, mas que será de utilização comum no futuro do Planeta Terra.

– Vocês terão o privilégio de receber um tratamento mento-magnético no Templo hoje. Terapeutas altamente especializados no uso da energia magnética os atenderão.

Contornando um dos cantos da pirâmide o grupo foi defrontado com um portal que correspondia à entrada do Templo. Esse portal tinha a forma de um "U" invertido, e ao passar por ele os médiuns sentiam a diferença na energia. A luminosidade do Templo ficou intensa, predominando o branco e o dourado.

Seres etéreos vieram recebê-los. Pareciam flutuar tamanha a leveza e delicadeza. Cada médium foi acompanhado por um trabalhador do templo e levado a um trocador, recebendo uma toalha, um kimono e a orientação de se lavar com a água de uma bacia de prata que estava no centro do trocador.

Após esse ritual de purificação, foram conduzidos ao interior do Templo e reunidos novamente. Um corredor os conduzia a um grande salão com paredes e piso de aparência clara, à semelhança da madrepérola, sustentando-se em grossas colunas e com pé-direito bem alto.

Tomando a palavra Sita explicou aos companheiros encarnados:

– Queridos, a partir desse ponto cada um de vocês viverá uma experiência única, de acordo com a sua necessidade individual de crescimento. Aproveitem e se entreguem à Providência Divina.

Entre feliz e receoso, João acompanhou a irmã que o conduziu ao trocador e que, naquele momento, segurava novamente sua mão e o direcionava a um dos arcos que saiam do grande salão.

O silêncio dentro da pirâmide era impressionante e inibia qualquer conversação sem sentido. Mostrava a todos a concentração e a seriedade com que os trabalhadores do Templo realizavam seu trabalho.

Percebendo os pensamentos de João, a irmã não se fez de rogada e iniciou uma conversação.

– João, seja bem-vindo ao nosso Templo. Apenas iniciados nos conhecimentos eternos da energia e de processos antigos de cura são permitidos aqui como trabalhadores. Chamo-me Chie e serei sua coterapeuta nesse processo, já que só nós podemos ser realmente nossos próprios terapeutas.

João foi conduzido por aquela presença, até que tudo foi se tornando muito escuro. Teve um impulso de parar e voltar porque não entendia aquela mudança. Naquele momento escutou a voz de Chie que segurava sua mão dizendo: – Não temas, continua! Obedeceu e foi percebendo que aquela escuridão era uma névoa ou fumaça colocada como anteparo ou proteção entre os ambientes e tinha a função de proteger de algum agente maléfico, indesejado ou inadequado, de um ambiente para outro, e havia variações nas cores dessa névoa. Após passarem por aquela barreira, viu-se em um ambiente menor, que lembrava um centro cirúrgico, mas sem nenhum aparelho ou móvel.

Havia no centro daquela sala uma grande bolha preenchida por um líquido transparente, cristalino e meio gelatinoso, à semelhança de clara de ovo. Chie convidou João a se aproximar e a entrar na bolha. Apesar do receio, João seguiu em frente, estendendo o braço, tocando naquele fluido e delicadamente entrando na bolha, banhando-se intensamente naquele fluido.

Sensação incrível acometeu sua mente. Era como se houvesse ali dentro uma liberação das amarras que o prendiam no espaço-tempo. Percebia seu passado de forma tão clara e chegava a entrever cenas do futuro. Pôde analisar, em frações de segundo, uma série de situações que justificavam todas as dificuldades que enfrentava nessa existência física. As dores, as dificuldades, a pobreza, todos os porquês, naquele momento, estavam claros em sua mente.

Em seguida, viu-se fora da bolha, sendo convidado a se deitar. O líquido que cobria a sua pele secou de imediato. Surpreendentemente, criou-se uma crosta que em seguida fragmentou-se e foi caindo. À medida que isso acontecia, aquela clareza mental ia embora, mas a sensação de que algo muito ruim, um peso desnecessário havia sido retirado permaneceu com João. Sentia-se feliz e grato como há muito não acontecia.

Ficou deitado no chão em uma esteira. Não se preocupava mais com o que estava acontecendo, realmente estava entregue a eles, muito tranquilo, em um leve torpor, mas sem perder a consciência. Percebeu que Chie tratava algumas partes da sua cabeça. As mãos dela ficavam paradas no mesmo lugar, mas executavam movimentos rotatórios com os dedos, removendo algo de consistência mais densa.

– A energia de acontecimentos seculares permanece viva em nós – disse Chie – e conforme evoluímos podemos nos desfazer disso. Sua perseverança no bem, apesar das aparentes dificuldades atuais, permitiram que você pudesse realizar essa limpeza.

À medida que ela tratava a região da cabeça, João sentia o reflexo diretamente na área cardíaca. O campo energético dessa região se expandia intensamente. A cor verde tomava conta do ambiente, deixando a sensação de tranquilidade e confiança.

Encerrado esse tratamento, Chie fez um longo movimento de reverência a João, deixando-o desconcertado.

– Não faça isso, por favor – solicitou o médium – eu é que tenho de lhe agradecer.

– João, a vida nos ensina que não há alegria maior do que a de servir em nome de Deus. Sou grato a você pela oportunidade. Venha, chegou a hora de nos encontrarmos com o Mestre Ramatís.

Subiram uma escada em forma de espiral com pedras brancas e um guarda-corpo de cristal transparente. Acima do cristal, no corrimão, via-se uma pedra finamente lapidada, que deixava passar um feixe de luz em velocidade impressionante. Era como se minúsculos carros de corrida se perseguissem deixando um rastro de luz multicolorida.

Sentindo-se confortável e fascinado com tanta beleza, João adentrou a uma sala onde predominava uma luz esverdeada. O cômodo tinha um formato circular e um pé-direito majestoso. Não se viam velas, candelabros ou luminárias, mas a luz estava ali presente. Parecia emanar das paredes.

Os companheiros de missão encarnatória estavam sentados em pequenas almofadas retangulares, formando um semicírculo que se voltava para uma escultura representando uma divertida figura semelhante a Buda, que segurava uma vara de pescar e trazia um sorriso fácil no rosto.

Nesse momento entrou na sala um espírito jovial, cabelos longos negros e lisos amarrados à moda rabo de cavalo. Os traços finos revelavam delicadeza, mas os olhos falavam de disciplina e vontade férreas. Trajava uma roupa simples de tecido branco e trazia os pés descalços. Sem nenhuma formalidade iniciou a conversação.

– Olá, bem-vindos ao nosso Templo de Cristal. Sou Ramatís.

Dizendo isso, sentou-se na posição de lótus, também chamada de kekka fuza na tradição japonesa. É uma postura em que o indivíduo permanece sentado com as pernas cruzadas e os pés em oposição às coxas com o fim de meditar seguindo práticas indianas. Foi estabelecida na tradição do Ioga hindu. A posição que melhora a respiração e promove a estabilidade física lembra uma flor de lótus.

– Esse é Ebisu – falou Ramatís apontando a escultura – um dos sete deuses da sorte na tradição budista. Ele está aqui representado por sua relação com aspectos da personalidade fundamentais para o desenvolvimento do nosso trabalho. Ele nos fala de sinceridade, honestidade, e é o guardião da saúde das crianças.

– Mas acima de tudo, Ebisu nos estimula a prosperar com nossas próprias pernas, aprendendo a pescar e não só ganhar o peixe. Todas essas crianças que aqui estão e que serão auxiliadas por vocês não necessitam de esmolas morais. Elas precisam de acolhimento verdadeiro e produtivo que as eleve, estimule e ensine.

Enquanto Ramatís falava os médiuns tinham sensações diversas. Ele parecia não abrir a boca para falar, mas sua voz chegava clara e cristalina aos ouvidos de todos. Quando os olhares se cruzavam, os médiuns sentiam um frio na barriga, pois se tratava de um olhar que devassava todo o interior, era como estar sem roupas, sem defesas em frente a um mestre.

– A experiência que vocês vivenciaram aqui hoje foi semelhante e diferente ao mesmo tempo – continuou Ramatís. – Semelhante porque nasceu de um mérito coletivo, um verdadeiro prêmio ao esforço desse grupo em cumprir o planejamento de encarnação. Mas, diferente porque aspectos distintos do passado de cada um foi tratado hoje. Obviamente, não modificamos o passado, mas sim a forma como ele nos alcança no hoje, e a forma como nos conectamos a ele.

A luz dourada que emanava do Mentor era firme e acolhedora. Vários trabalhadores orientais o acompanhavam, e à medida que ele falava esses trabalhadores se acercavam do grupo, criando um campo terapêutico forte. A impressão era de que flutuavam.

– Autodomínio, firmeza e centralização – retornou o Mestre – são necessários. Como atingir a maturidade espiritual se a mente de vocês não consegue ser dominada? Venho alertá-los sobre o efeito lesivo de se permitir que o pensamento fique solto, livre ao bel-prazer. Lembrem-se, a organização traz paz. Sem uma mente organizada estaremos sempre com a sensação de que falta alguma coisa.

– As equipes socorristas sofrem com a falta de receptividade e de preparo nas diversas escolas espiritualistas ocidentais. É preciso aprimorar e vivenciar técnicas de meditação para melhorar o intercâmbio entre os diferentes planos de manifestação da vida.

– E acima de tudo, meus pupilos, é preciso amar. Falamos aqui do amor que não espera nada em troca, que cura, que acolhe, que perdoa, que liberta. É tempo de esperança e de certeza nos nossos corações. Saibamos amar.

Luzes multicoloridas iluminaram a sala trazendo a todos a sensação de paz. As atividades foram encerradas. Lágrimas de alegria e gratidão escorriam pelas faces dos trabalhadores encarnados antecipando a saudade e a vontade de ali retornar.

– Vão em paz. Estaremos juntos quantas vezes forem necessárias. E dizendo isso, Ramatís se levantou abraçando um a um, deixando em todos a suave sensação da tranquilidade.

Capítulo 11

Um caso de insônia

SEMANALMENTE, O GRUPO FRATERNO se reunia no Hospital Espírita visando ao acolhimento amoroso aos internos e familiares, que nessa encarnação se perdiam no cipoal das drogas ou arrastavam as pesadas algemas da doença mental.

Um convidado especial estaria presente naquela reunião do grupo, o diretor médico da instituição física, um psiquiatra que se dedicava ao estudo da influência espiritual nos vícios e doenças da mente. Era Dr. Luiz, renomado estudioso que dedicava sua existência a pesquisar como a complementaridade entre físico e sutil podia auxiliar esses frágeis irmãos ali internados.

– Bem, meus amigos – iniciou o médico – é com prazer que retomamos nossa conversa sobre a relação entre medicina e espiritualidade.

– É cada vez mais comum ouvirmos no consultório a seguinte frase: – Doutor, me receita um remédio para dormir! Alguns ainda exigem a prescrição de determinados remédios, pois já experimentaram todos e sabem que no caso deles, alguns funcionam melhor.

– Vivemos a época das pílulas milagrosas. Compramos milagres em cápsulas diariamente e nosso limite é o céu. É bem provável que muitos de vocês conheçam esses remédios e outros remédios ditos naturais, chás por exemplo, não é verdade?

Todos riram da provocação, e de fato era bem comum que indicassem alguma coisa nesses casos, "olha toma isso que minha avó falava que era bom...".

– Deixemos que a ciência oficial trate da insônia – retomou Dr. Luiz. – Mas, seria interessante abordar alguns aspectos do sono do ponto de vista espiritualista, e além disso preciso da ajuda de vocês para resolver um caso de insônia que já está tirando o meu sono.

Todos entenderam a brincadeira, mas ao mesmo tempo perceberam a seriedade com que o médico trazia aquelas informações. Alguém deveria realmente estar sofrendo muito. Dr. Luiz era muito querido no Hospital pela sua dedicação aos pacientes, e pela forma amorosa com que tratava a cada um deles.

– Allan Kardec nos diz em *O Livro dos Espíritos*, no capítulo que versa sobre a emancipação da alma, que o espírito nunca está inativo e aproveita as horas de sono para manter relação direta com o Plano Espiritual, entrando em contato com espíritos encarnados e desencarnados e visitando lugares bons ou ruins de acordo com sua evolução pessoal, de acordo com o que permite a sua própria energia. Isso explica o motivo pelo qual podemos acordar completamente descansados e inspirados e em outros dias acordamos mais cansados do que nos deitamos.

– Não é incomum, durante os tratamentos no centro espírita, observarmos que algumas pessoas simplesmente não conseguem dormir porque trazem a casa repleta de espíritos desencarnados que por algum motivo querem prejudicar aquela família, pois é da lei que colhamos hoje o que semeamos ontem. Vemos também que uma das causas frequentes de insônia é o despertar da mediunidade. Durante o entorpecimento natural do sono, quando o espírito começa a se afastar do corpo físico como faz toda noite, esses médiuns novatos começam a ver o ambiente espiritual da casa. Então, com medo e receio do desconhecido, recusam-se a dormir, causando problemas enormes para a economia física, e no entanto, seria muito mais fácil estudar e entender o processo mediúnico, libertando-se de receios infundados, baseados em crendices.

– Se imaginarmos nossa noite de sono como uma viagem a ser empreendida, facilmente compreenderemos que alguns simplesmente sabotam seu próprio sono. Qualquer viagem, por menor que seja, exige um preparo mínimo. Verificamos o melhor caminho, a roupa que levaremos, o dinheiro, o local onde ficaremos etc., mas a maioria de nós não consegue nem fazer uma prece antes de dormir. Para alguns, não há antídoto melhor para insônia do que iniciar uma prece ou uma leitura edificante. É fatal! É começar e cair no sono.

Olhando aquele grupo, Dr. Luiz imaginava como seria se um dia os profissionais de saúde estivessem dispostos a abrir a mente para discussões mais amplas e sem dogmas sobre o mistério saúde-doença. O interesse dos médiuns era tangível.

– Deitamos na cama – continuou o terapeuta – nos preparando para dormir, repletos de problemas, trazendo enormidade de situações mal resolvidas, e queremos que nossa noite seja tranquila. Como esperar noites tranquilas, acompanhadas pelo nosso Anjo da Guarda, nosso Mentor Espiritual, se passamos o dia de forma agitada, ansiosa, intranquila? Com certeza, nosso espírito estará junto daqueles e das coisas as quais votamos nosso sentimento. Onde estiver nossa atenção ali estará a nossa energia.

– Os livros de Divaldo Pereira Franco nos relatam inúmeros casos de trabalhadores do bem, encarnados, que aproveitam suas noites de sono na continuação dos trabalhos de ajuda espiritual principiados durante o dia. Quantos benefícios não colhem esses trabalhadores, aproveitando cada minuto para sua evolução. Cada um encontra o que busca. O que passa o dia acumulando raiva, desentendimentos e stress, com certeza terá uma noite bem diferente daquele que tenta viver em paz consigo mesmo, exercendo sua religiosidade de forma segura.

– Lembram-se do Wagner? Enviei a ficha dele há um mês e creio que ele já foi tratado no grupo três vezes. Porém, persiste em um quadro grave e sem melhoras. Apresenta insônia de difícil tratamento. Seria possível solicitar uma orientação espiritual mais específica para o caso dele?

Todos se lembraram. Era um caso que realmente merecia atenção especial. Sr. José, coordenador encarnado dos trabalhos mediúnicos, foi quem falou:

– Dr. Luiz, grato pela sua presença amiga e pelo carinho que o Sr. demonstra com os pacientes internados nesse hospital. O nosso coração se enche de alegria vislumbrando um futuro em que os médicos terrenos terão a visão holística aliada ao amor. Minha sugestão é que nos reunamos em prece, solicitando a opinião dos Mentores Espirituais que nos assistem.

Rapidamente as cadeiras foram colocadas em círculo. Dr. Luiz era trabalhador daquele Hospital Espírita desde a sua fundação, e já estava acostumado ao intercâmbio entre os diferentes planos de manifestação do espírito. Após a prece conduzida com tranquilidade pelo Sr. José, a energia visivelmente modificada da sala permitiu aproximação mais intensa dos trabalhadores do Plano Espiritual.

Marcos aproveitou a oportunidade e utilizando a mediunidade de João esclareceu a todos:

– Queridos amigos, que maravilha poder estar entre vocês novamente, abraçando a todos com o amor do Pai Criador.

O interesse do grupo pelo bem-estar físico e espiritual dos internos dessa casa é motivo de júbilo entre nós. A sua preocupação é a nossa. Nenhuma estrutura física hospitalar tem sentido sem o amor a nos guiar. Sem essa bússola seremos somente prescritores de drogas. Os remédios são necessários, mas complementar o tratamento médico convencional com o amor e o respeito potencializa o efeito das medicações e trata também as feridas da alma, em última análise, as verdadeiras causadoras dos transtornos físicos.

– O caso do nosso irmão realmente foge à habitualidade. Compromissos espirituais remotos assumidos por ele em outras épocas dificultam uma atuação mais eficaz. Mas tudo está certo, na hora certa. Quando o amor é vigilante, o tempo apropriado é sempre o agora.

– Aproveitando nossas práticas de desdobramento consciente nas reuniões de trabalho mediúnico e durante o sono, gostaria de convidar o grupo para assistir energeticamente a esse paciente.

– O ideal seria que esse atendimento fosse dividido em duas etapas. Na primeira, hoje à noite, ele será feito com a ajuda de vocês durante o sono, para que as mentes ainda em treinamento não sejam impressionadas negativamente pelo local aonde iremos. Na segunda parte, semana que vem, iremos promover um desdobramento coletivo dos trabalhadores, durante a reunião de assistência mediúnica e vocês conhecerão em detalhes o caso.

Sentado na cadeira, o médico Luiz deixava sua mente vagar no tempo. Lembrava de suas aulas na faculdade. Quando imaginaria, então, que estaria ali sentado em um círculo de médiuns, discutindo com Mentores Espirituais uma conduta de tratamento energético complementar ao tratamento médico. Isso mais parecia um sonho.

– Conto com todos vocês – continuou Marcos – inclusive com o amigo Luiz.

Pego de surpresa, ele não sabia como reagir. É verdade que cada vez mais utilizava o conhecimento dos médiuns para auxiliar os pacientes, mas nunca tinha se envolvido diretamente com essa questão mediúnica. Era um estudioso do assunto, mas que limitava o conhecimento à leitura. Quis se esquivar do convite, mas o médium dava mostras que o espírito já não se comunicava mais através de sua mediunidade.

Mariana, percebendo o constrangimento do médico, se aproximou.

– Fique tranquilo, Doutor – disse Mariana. – Nessa primeira etapa você não precisa fazer nada, só dormir e estar em uma posição de entrega e tranquilidade.

Capítulo 12

A espiritualidade menor

CHEGAVA A MADRUGADA e novamente a Espiritualidade se organizava minuciosamente para que os trabalhadores encarnados pudessem ser retirados do corpo com segurança e tranquilidade. Trezentos e sessenta cinco dias por ano aquilo acontecia normalmente no desdobramento natural do sono, mas em ocasiões de trabalho e estudo como aquela, era necessário um preparo maior, evitando-se o desgaste energético, assim também melhor lembrança do ocorrido.

Todos agiam de forma natural e amorosa. A disciplina e a hierarquia eram evidentes, mas sempre aliadas ao respeito e à amizade. Os Mentores explicavam a Marcos que toda e qualquer atividade deveria ser realizada com organização. Trabalhar em paz era a forma mais adequada de se manter conectado ao Alto.

Naquela noite, além dos trabalhadores costumeiros do grupo mediúnico fraterno, estava presente também Dr. Luiz, médico psiquiatra. Reginaldo se apresentava em pleno processo de recuperação. Havia se afastado da bebida após a vergonha passada naquele episódio na festa de aniversário.

No Plano Espiritual o movimento era grande. Marcos, Edith e Sita se juntavam a uma grande equipe de médicos e enfermeiros acostumados com a lide nas regiões inferiores do astral.

O ponto de partida da caravana de trabalho seria o Hospital Esperança. Reunidos todos no gramado que ladeava a entrada, tomou a palavra Dr. Aristeu, conhecido clínico geral da região do Triângulo Mineiro, desencarnado após uma vida de muitas conquistas espirituais.

– Meus irmãos em Cristo – iniciou Dr. Aristeu – com a permissão do querido Eurípedes iniciamos nossa reunião. Elevemos ao Pai Criador nossos melhores pensamentos solicitando proteção e orientação para essa empreitada.

E tecendo emocionada oração todos sentiram cair do Alto uma chuva azulada de energia radiante que se desfazia ao toque da pele, ativando e elevando a vibração do ambiente.

Mais lúcidos, todos os encarnados passaram a escutar Dr. Aristeu com mais atenção.

– Muitas pessoas ao desencarnarem sentem-se traídas por Deus quando se veem nas regiões espirituais de sofrimento, chamadas de umbral. O livro-filme *Nosso Lar* que relata a história do espírito André Luiz, psicografada por Chico Xavier, mostra-nos essa região em detalhes. É interessante como pouca gente constrói o céu interior, mas exige o céu exterior quando desencarna.

– Nossas atitudes e pensamentos são energia em movimento que exteriorizamos. Absorvemos o fluido cósmico universal e vamos manipulando ao nosso bel-prazer, de acordo com nossa capacidade e vontade, determinando ao longo da vida nosso ambiente astral-espiritual. A densidade do nosso corpo espiritual é a somatória de todas as nossas ações. Se vivemos afundados na lama do orgulho, da tristeza, da descrença, da dor, é com essa densidade e características energéticas que desencarnamos. Se cultivamos o belo, o amor, a leveza do coração, o perdão, desencarnamos com esse padrão vibratório. O ambiente para o qual nos dirigimos após a desencarnação depende da nossa densidade vibratória. Não há privilégios ou escolhidos. A cada um de acordo com a sua obra. A justiça opera de forma automática. Aquele que cultivou a leveza através da bondade, do amor e do perdão se encontrará em um ambiente de leveza onde o amor, o perdão e a bondade são cultivados, e o contrário é também verdadeiro. Aquele que a vida inteira cultivou emoções inferiores estará em um ambiente onde essas emoções são cultivadas.

– Meu Deus – pensava Dr. Luiz – como não tinha pensado nisso antes. Parece tão óbvio quando entendemos.

– Se algemarmos nosso espírito – continuou o médico – estaremos à guisa do suicida que atando ao próprio corpo a corda e a pedra só poderá afundar em direção ao fundo do rio. Sentimentos e atitudes inferiores são pesos desnecessários que carregamos e depois não conseguimos nos livrar. O vigiar e orar, que nos recomenda o Cristo, constitui roteiro luminoso para retirar de nós essas cargas e nos dar as asas necessárias para o voo que empreenderemos após a desencarnação.

– Hoje, visitaremos uma região da espiritualidade menor com o intuito de atender ao caso Wagner, com muito prazer, acolhendo o pedido do nosso irmão Luiz.

Citado nominalmente Dr. Luiz sentiu o rosto corar de vergonha, e pela primeira vez teve realmente a noção da responsabilidade que significa pedir. Lembrou imediatamente de sua avó que dizia: "Cuidado com o que você pede, Deus costuma atender".

Saíram todos em fila. O silêncio era tumular. A concentração total. Os trabalhadores mais experientes se misturavam aos iniciantes e aos encarnados, guiando-os. Carregavam pequenos artefatos luminosos que mudavam de cor conforme a ordem mental do coordenador da expedição, o clínico mineiro. Cada cor representava uma ordem ao grupo. Avançar, parar, concentrar, orar e assim por diante.

Andaram durante longos minutos, sempre descendo. A sutileza reconfortante da Colônia já não mais acompanhava o grupo. O ar naquele momento era pesado, quase palpável. O cheiro era forte e causava sensação de náusea e tontura. Sem a ajuda dos trabalhadores experientes seria impossível que nossos amigos encarnados estivessem ali. O terreno começava a ficar úmido, com uma fumaça suja impedindo a visão completa do chão.

Ao contornarem uma enorme pedra, uma visão estranha se descortinou à retina de todos. Um imenso vale, a perder de vista com montanhas sem fim, terreno árido, ar pesado e pouquíssimas árvores. Intrigado com o que enxergava à sua frente e lembrando-se das descrições de Dante Alighieri em sua obra *A Divina Comédia*, Luiz perdeu-se em devaneios. Sentindo a dificuldade do médico encarnado, Marcos veio em seu auxílio.

– Cada ambiente é um espelho mental de seus habitantes. – iniciou Marcos. – Dr. Aristeu já nos explicou que aqui encontraremos aqueles que cultivaram a negatividade nos seus mais variados aspectos. Dessa forma, esse vale de lágrimas representa também a somatória das angústias e dores desses irmãos. Isso cria uma atmosfera mental extremamente negativa, que dificulta a ação dos raios solares, o crescimento de plantas e a vida de animais.

– Caro Luiz – continuou Marcos – Victor Hugo nos dizia que "a piedade é o sentir de uma águia rasgando a amplidão etérea, condoída desses seres, que rastejam no solo da Terra"; obviamente que a Espiritualidade Maior não desampara ninguém, e nenhum de nós está abandonado à própria sorte, mas o respeito pelas escolhas é fundamental no processo de amar com responsabilidade. Da mesma forma que na Terra, enquanto encarnados conhecemos pessoas que fazem as piores escolhas, vivendo em locais inimagináveis e de forma quase animalesca, aqui também temos as nossas opções e elas são respeitadas pelo Pai.

E concluindo Marcos arrematou: – Não se engane, todos estivemos aqui um dia e todos caminhamos em direção à perfeição, mas essa trilha só pode ser realizada com conhecimento e intencionalidade, ninguém pode fazê-la por nós. Já que não podemos mudar as escolhas dos nossos irmãos, devemos amá-los e auxiliá-los sempre que uma oportunidade se faça presente, como hoje.

Uma região escura e fétida se descortinava à visão do grupo. O chão era escorregadio, com lama marrom em sua superfície. Entrando em uma espécie de caverna, Dr. Aristeu, que demonstrava já ter estado ali outras vezes, dada a segurança com que se movimentava, passou a conversar com todos pelo pensamento.

– Meus amigos, – iniciou o médico – é chegada a hora mais importante de nosso trabalho. Que Maria nos auxilie agora. Tirem do coração todo e qualquer julgamento e permitam que a Luz Divina seja nosso guia.

Assim dizendo apontou com o dedo indicador um grupo de irmãos com aparência estranha, que seria objeto da atenção de todos. Ao se aproximarem, Dr. Luiz foi pego de surpresa pelo inusitado da cena. No centro do grupo se encontrava Wagner, roupas rasgadas, olhos arregalados denotando o grau de desequilíbrio que se encontrava, sendo submetido a todo tipo de tortura.

Inexperiente nessas atividades, se dirigiu ao colega médico coordenador indagando:

– Por que tamanha maldade com meu paciente? Onde estaria a justiça divina? Seria mesmo possível que ninguém interviesse para resolver esse problema?

Pacientemente, Dr. Aristeu escutou a enxurrada de perguntas. Olhando calmamente para o diretor encarnado do hospital, esperou que a calma lhe voltasse ao semblante e explicou.

– Nosso irmão Wagner – falou Dr. Aristeu – foi um grande manipulador de energia em priscas eras. Iniciado em templos asiáticos, errou fragorosamente quando de forma inadvertida abandonou as orientações de seu mestre-professor. Após anos de estudo, chegou à egoísta conclusão que poderia utilizar seus conhecimentos para o enriquecimento ilícito e a conquista do poder transitório. Dessa forma, se aliciou a mentes poderosas da espiritualidade menor, assim como a personalidades encarnadas ainda enraizadas nas sensações inferiores. De nada adiantaram os conselhos de seu amoroso mestre.

– Anos após sua ruptura com o templo, vemos nosso irmão rodeado de escravos, cada vez mais rico e mais comprometido com a espiritualidade inferior, que na verdade lhe controlava a mente doentia. Hipnotizado e envolvido em energias densas não se apercebia que já não decidia mais nada sozinho. Era manietado por entidades tão maldosas quanto ele, que o usavam para os mais variados trabalhos energéticos negativos. Tanto se comprometeu nosso querido Wagner, que ainda hoje esses irmãos o perseguem. Todas as noites, saindo do corpo pelo desdobramento natural do sono, nosso irmão é atraído a esse local por essas mentes vigorosas. A culpa e o remorso ainda falam alto em seu coração e ele escolhe se submeter a esses sicários. Digo escolhe, pois o mal só nos atinge quando permitimos.

– A perseguição atual vem tanto das vítimas quanto dos antigos algozes. Das pretensas vítimas para se vingarem, dos antigos comparsas na esperança de reatar os laços etéricos e voltarem a manipular nosso irmão. Mas, é chegado o tempo de refazer essa história. Após mais de oito lustros encarnado e expiando as consequências nefastas de seus atos no desequilíbrio da mente e do corpo, nosso irmão Wagner vem finalmente acendendo uma luz no seu coração. Ao se filiar à Igreja Católica Carismática encontrou refúgio nos ensinamentos cristãos e vem solicitando com sinceridade que Maria lhe alivie a alma cansada.

Dr. Luiz, tentando absorver aquela avalanche de informações percebeu a complexidade do caso e viu como na Espiritualidade almas abnegadas como aquela do médico mineiro se dedicam a balsamizar o sofrimento alheio. Envergonhando-se de sua reação estúpida, quis formular um pedido de desculpas, no que foi impedido pelo nobre dirigente.

– Luiz, o amor não necessita de explicação. Sua indignação foi fruto do amor que você nutre pelos assistidos, mas também nasceu da sua ignorância pela verdadeira causa do sofrimento. Mas não se amofine. Foi justamente para isso que viemos todos aqui hoje.

Com o auxílio de outros trabalhadores desencarnados e de alguns médiuns mais experientes, Dr. Aristeu começou a projetar no ambiente uma estrutura de contenção energética atraindo, pela oração, fluidos balsamizadores que diminuíam a tensão e a excitação do local. Rapidamente, uma equipe de enfermeiros passou a recolher os irmãos que adormeciam, restando alguns mais renitentes.

Chamando em particular a médium Inês, Dr. Aristeu passou a utilizá-la como instrumento mediúnico, falando através dela, que ainda encarnada, podia atuar com mais propriedade e afinidade sobre aqueles irmãos.

A médium, telepaticamente guiada, tomou a palavra e se dirigiu a todos com amorosidade, porém com firmeza, sendo fiel tradutora do médico astral.

– Meus irmãos queridos, que a energia de Maria nos envolva e nos proteja. Que seu manto de luz possa ser a nossa proteção na tempestade. E seu exemplo de amor nosso roteiro de esperança e de certeza.

Enquanto falava, nossa irmã irradiava de seus olhos e de suas mãos energia rosa calmante, que envolvia aos poucos tanto os agressores quanto o próprio Wagner. Maravilhado com o acontecido, Luiz observava como as feridas e escoriações no corpo de Wagner eram tratadas quase que por encanto e se admirava daquele poder do amor. O amor que cobre a multidão dos pecados.

– Hoje é chegada a hora de encerrarmos esse triste capítulo do livro da vida de vocês – continuou Inês, cada vez mais conectada ao coordenador. – É tempo de mudança, de transmutação da raiva em calma, do ódio em amor, da vingança em um movimento de ajuda mútua. Todos somos necessitados uns dos outros. Nosso irmão que hoje se chama Wagner se arrepende do que fez e vem dirigindo à nossa Mãe Santíssima pensamentos de paz e pedidos de melhora. A todos vocês a mão está sendo estendida, mas ninguém será obrigado a nada. O livre-arbítrio nos impede de impor soluções forçadas. Mas, a partir de hoje nosso irmão Wagner passará a receber tratamento diferenciado, conquistado pelos seus próprios méritos, e a influência exercida sobre ele não surtirá o mesmo efeito. Vocês podem optar por nos acompanhar e serem acolhidos com amor, evitando assim mais comprometimentos dolorosos. A escolha é de vocês.

Sentindo-se mais livre e percebendo de forma mais clara o que dizia a médium, Wagner, interpretando atavicamente a trabalhadora como a própria Maria, se jogou em prantos aos seus pés, clamando por ajuda.

– Mãe de Deus, tem piedade de mim. Não aguento mais! Sou pecador e sofro, me ajuda Mãezinha. E caiu sem forças aos pés da irmã Inês.

Assistindo aquela cena, alguns obsessores gritavam também por socorro, sendo acolhidos amorosamente pelos trabalhadores, mas dois irmãos permaneceram frios e inacessíveis, saindo a passos duros do recinto enquanto blasfemavam.

– Vamos elevar nossos pensamentos a Deus, agradecendo pelo auxílio prestado aos irmãos – recomendou Dr. Aristeu. E unidos todos em prece agradeceram ao senhor da vida pelas bênçãos, saindo dali em retorno ao Hospital Esperança.

A fila de trabalhadores retornou ao hospital. Macas transportando os enfermos da alma, encarnados e desencarnados, foram colocadas no imenso jardim. Dali diligentemente eles foram levados para enfermarias conforme o caso particular e necessidades específicas de cada um. A cabeça de Luiz fervilhava. O que aconteceria com Wagner? Estaria curado? Será que ele, Luiz, se lembraria de tudo ao acordar?

Mais acostumados à lide no Plano Espiritual, os médiuns do grupo se mostravam alegres com o resultado dos trabalhos. Mariana, percebendo a dificuldade do psiquiatra, aproximou-se dele levando Marcos, o Orientador Espiritual.

– E aí Dr.? Gostou da experiência? – perguntou a moça.

– Estou sonhando ou aconteceu isso mesmo? Minha cabeça parece que vai explodir de tanta dúvida – respondeu Luiz.

– Calma, meu amigo. Tudo vai ser esclarecido aos poucos e Wagner não vai acordar curado – respondeu Marcos mostrando que sabia de antemão as dúvidas do médico. – Um processo secular como esse não pode ser resolvido da noite para o dia, mas a melhora dele será notável, pois há tempos ele mesmo vem se conscientizando da necessidade de mudança interior. Você não se lembrará de tudo, mas será auxiliado pelos médiuns a montar o quebra-cabeça amanhã. Verá que as informações vão se encaixar e tudo fará sentido também amanhã na Terra. Agora é hora de dormir e descansar. Descanso merecido. Na semana que vem tentaremos levar aqueles dois irmãos rebeldes à reunião de tratamento mediúnico, e quem sabe Deus nos permita acolhê-los também.

Despedindo-se carinhosamente de todos Dr. Aristeu encerrou a reunião e determinou o retorno dos trabalhadores encarnados pelo acoplamento ao corpo físico.

Capítulo 13

O amor vence

Uma semana havia se passado. Dr. Luiz aguardava ansiosamente pela chegada de quarta-feira, dia da reunião de assistência mediúnica no Grupo Fraterno. Durante a semana havia conversado longamente com Mariana. Na manhã seguinte à reunião havia acordado com sensação estranha. Tinha sonhado a noite inteira com um trabalho em um hospital, corredores sujos, coisas estranhas, mas não conseguia alinhar os pensamentos para definir o que exatamente havia acontecido.

Ao entrar no hospital esbarrou em Mariana, uma das médiuns do grupo. Existia entre eles simpatia natural. Era como se fossem amigos de longa data, apesar da diferença de idade entre eles.

– Então Dr. Luiz, conseguiu entender o acontecido de ontem à noite? – perguntou Mariana.

Pego de surpresa por ser justamente essa a sua dúvida, ele riu e brincou. – Estou começando a ficar com medo de você. Agora anda lendo pensamentos? E continuou. – Venha até minha sala, temos muito que conversar.

A trabalhadora do Grupo Fraterno passou então a descrever os últimos acontecimentos no grupo, a orientação espiritual sobre o trabalho de desdobramento, o que acontecia no desdobramento do sono e como na verdade todos estavam treinando o desdobramento consciente. Explicou para Dr. Luiz que na noite anterior o grupo se reunira com os Mentores para auxiliar Wagner, como ele havia pedido.

À medida que Mariana falava, algumas cenas voltavam à sua mente, mas o filme ainda estava em preto e branco e faltava muita coisa. Após massacrar a moça com incansáveis perguntas sobre o processo obsessivo do seu paciente, de longa data, Luiz finalmente se deu por vencido de que aquilo realmente tinha acontecido, mas médico que era, faltava o mais importante, saber o resultado que aquele processo todo tinha proporcionado ao paciente.

Acionando pequeno aparelho, solicitou à secretária que trouxesse ao seu gabinete o doente insone. Qual não foi sua surpresa quando a mesma retornou dizendo que Wagner se recusava a sair da cama.

Entre curioso e satisfeito Luiz, acompanhado de Mariana, se dirigiu ao quarto do paciente. Era sabido de todos no hospital a gravidade da insônia de Wagner e como, não raras vezes, ele permanecia acordado a noite inteira, conversando sozinho, desconfiado, queixando-se de uma perseguição que ninguém conseguia perceber, mas que naquele momento fazia todo o sentido.

Ao entrarem no quarto a surpresa só aumentava. Wagner descasava na cama, enrolado em cobertas, respirando leve como a muito tempo não conseguia.

– O que aconteceu meu amigo? – indagou Dr. Luiz.

– Confesso que não sei doutor – respondeu o paciente – mas essa foi a melhor noite em muitos anos da minha vida. Acho que Maria, nossa mãe, ouviu minhas preces, pois só me lembro dela ao pé da minha cama me envolvendo em um manto azul e depois disso apaguei, foi como se desmaiasse, e dormi profundamente, a ponto de me sentir descansado pela manhã, o que considero quase um milagre.

A semana transcorreu ligeira; inúmeros eram os casos graves daquele nosocômio, mas a atenção de Dr. Luiz se voltava sempre para Wagner. Aquela melhora estupenda durou ainda mais alguns dias, mas na segunda-feira da outra semana o paciente começou a dar sinais de que a insônia batia à porta novamente.

– Sinto-me triste, Dr. Luiz – reclamou Wagner – apesar de estar conseguindo dormir com mais serenidade, uma sensação de tristeza profunda ainda me invade e tenho medo de perder o controle novamente e voltar a ter aquela vida de zumbi – explicou o interno caindo em choro convulsivo.

– Calma, Wagner, a tranquilidade é conquista árdua, que fazemos aos poucos todos os dias da nossa vida. – Onde está sua fé? – perguntou o médico. – Acaso estaremos desamparados? Não foi a sua fé em Maria que lhe devolveu o sono?

Sentindo-se mais aliviado, Wagner já conseguia articular as palavras entrecortadas pelo choro.

– É verdade, Dr. Luiz. Sem a fé em Maria eu não teria conseguido, mas sinto que outros fatores muito mais complexos estão envolvidos. De vez em quando, sem aviso, é como se alguém quisesse me matar, percebo olhos invisíveis me vigiando. Nessas horas, eu me refugio no quarto e rezo meu terço, e somente após longos minutos consigo sentir alívio. Minha mãe me fala que a culpa disso é desses macumbeiros que aqui chamam de médiuns. Ela diz que eles estão me enfeitiçando para que eu não consiga sair daqui.

– Cale-se, Wagner – respondeu o médico. – Não seja ingrato! Lembre-se de como chegou aqui. Essas pessoas se devotam de coração e sem nenhuma exigência aos internos do nosso hospital. Fique tranquilo, creio que seu problema está próximo de ser resolvido de uma vez por todas.

Conforme havia combinado com a equipe de trabalhadores, na quarta-feira à noite o médico se dirigiu à sala de assistência mediúnica. Reencontrando os conhecidos, sentou-se discretamente ao canto, aguardando o desenrolar dos fatos que não tardou.

Após a abertura normal dos trabalhos, o coordenador encarnado, Sr. José, fez suave e emocionada prece, agradecendo a oportunidade de estarem todos ali reunidos novamente, após tão gratificante aprendizado que tinha sido o trabalho em desdobramento durante o sono, conduzido em favor do Irmão Wagner.

Nesse instante, Marcos conseguiu transmitir a mensagem através da mediunidade de Mariana.

– Caros irmãos em Cristo – iniciou o trabalhador do astral. – É chegada a hora de acolhermos os dois irmãos ainda empedernidos no ódio e na raiva que não conseguimos assistir quando estivemos nas cavernas da espiritualidade menor, auxiliando nosso irmão.

No ambiente espiritual, todo um preparo havia sido feito de forma detalhada e bem planejada. Aparelhos sofisticados ionizavam o ambiente, favorecendo a ligação com o Alto e inibiam a proliferação das larvas mentais presentes no pensamento enfermiço dos internos daquela casa, assim como dos irmãos desencarnados ainda subjugados pelas sensações inferiores. Além disso, luzes coloridas comandadas mentalmente pelos trabalhadores do plano astral estimulavam ou suavizavam, limpando e tratando o ambiente e as pessoas dos dois planos de ação.

Pequena farmácia se encontrava no canto da sala espiritual. Essa sala aliás era bem maior que a sala do plano físico.

Um movimento intenso assinalava o trabalho. Especialistas em manipulação de plantas e flores preparavam os remédios etéricos que funcionavam à guisa de emplastros que eram aplicados no corpo espiritual tanto dos encarnados quanto dos desencarnados em tratamento.

Realizando discreto sinal, Marcos autorizou a entrada no recinto dos dois espíritos que haviam fugido da caverna, não aceitando a assistência naquele momento. Eram pai e filho. Ambos vestiam roupas puídas e se apresentavam com aparência grosseira. Nutriam por Wagner ódio vivo que já perdurava por alguns séculos.

O pai exercia sobre o filho controle mental absoluto. Por isso, foi decidido que a assistência iria se concentrar nele. Dona Inês percebia a presença dos dois espíritos e sentia a necessidade de acolher amorosamente o irmão com a sua mediunidade de psicofonia. Após concentração, desdobrou-se conscientemente e se colocou ao lado dele, emanando energia positiva de amor.

– É tempo de ser acolhido, querido irmão – falava a médium. Antes que ele pudesse responder sentiu-se atraído fortemente para o corpo da trabalhadora e começou a esbravejar através dela.

– Feiticeiros! Estão querendo me enganar novamente. Já não basta que Iseth, minha esposa amada, tenha sido assassinada por aquele farsante?

No plano físico observava-se a médium gesticulando e com o olhar enlouquecido, mas no Plano Astral podia-se observar que aquele encontro de energia entre um encarnado e um desencarnado, o chamado choque anímico, produzia a exsudação de fluidos altamente nocivos, que eram drenados do corpo espiritual daquele irmão, trazendo imenso bem a ele. A médium, acostumada ao trabalho mediúnico com Jesus, sentia o impacto energético, acusando mal-estar e náusea, mas confiava na Providência Divina e se entregava ao trabalho de auxílio.

– Esperávamos nosso primeiro filho – continuou o obsessor – mas minha esposa adoeceu e não mais saiu da cama. Chamado à nossa casa, esse enganador e destruidor de lares, que na época se pavoneava como um mestre da cura, iniciou seu processo macabro. Mesmo após perceber que não conseguiria curá-la, tirou de nós tudo o que tínhamos. Amparados pelo desespero vendemos a nossa propriedade e nossos bens, tudo a fim de salvar a esposa adoentada. Ledo engano. Após verificar que não teríamos mais com que pagar seus serviços, nos despachou de sua casa, não sem antes desfiar seu escárnio e arrogância.

– A esposa faleceu no parto, me deixando esse rapaz a quem ensinei o ódio e a vingança que agora pesam sobre esse desgraçado, que sabe-se lá por que, está sendo protegido nesse hospital. Me chamam aqui de obsessor, mas quem é realmente a vítima nesse caso?

Os ouvintes estavam emocionados. Impossível não se sentir tocado por aquela história. Aproveitando esse momento de catarse, os médicos do Astral aplicavam no comunicante a medicação apropriada a ele, e também assistiam a seu filho. Tudo isso era feito enquanto o irmão se comunicava através da médium. Sr. José a tudo escutava. Conectado a Marcos por fortes laços do pensamento começou a conversar com o infeliz.

– Seja bem-vindo, meu irmão – iniciou ele. – Poderíamos saber seu nome?

Tomado de surpresa pela amorosidade e educação com que lhe dirigiam a palavra ele respondeu: – Meu nome é Merneph, escriba da corte egípcia. E você quem é?

– Sou apenas um trabalhador da casa – respondeu o dirigente – e me chamo José, a seu dispor. Escutamos a sua história e nos comovemos com ela. Concordamos com você.

Quem de nós pode se ajuizar como vítima ou como algoz, já que no passar arrastado dos tempos atuamos nos dois papéis ininterruptamente, às vezes, nos prejudicando mais um pouco e atrasando nossa evolução espiritual. O irmão saberia dizer em que ano estamos?

– Não sei e não me interessa – respondeu Merneph de forma grosseira. – Sei que já se passaram alguns anos, mas enquanto não for à forra minha vindita não estará completa.

Sr. José, acostumado a essas discussões, enviando o melhor de suas energias e confiando no apoio da Espiritualidade, respondeu: – Estamos no século 21, meu irmão querido. Será que já não é tempo de rever esse caminho?

Tomado de surpresa, mas não querendo se mostrar impressionado, Merneph rompeu em impropérios.

– Basta! Será possível que não me fiz entender? Não quero e não vou continuar essa conversa. Em minha opinião, quem ajuda um ladrão desqualificado como este, ladrão também é. E além do mais, com autorização de quem vocês ousam nos trazer aqui?

Merneph sentia que suas forças diminuíam. O filho já adormecia envolvido por seres luminosos que ele não chegava a divisar completamente. Extremamente incomodado, não conseguia se movimentar de forma livre. Ao mesmo tempo, sentia vontade ambígua de esmurrar aquelas pessoas e se deixar ser acolhido. A quanto tempo ele não era tratado com tanta cortesia? E que sensação boa era aquela de estar ao lado daquela Senhora? Merneph não entendia bem, mas parecia que falava pela boca dela, e isso o intrigava muito.

Tentou recomeçar o diálogo, mas escutou a voz do dirigente encarnado que dizia:

– Amigo, nos perdoe por trazê-lo assim dessa forma, mas na verdade uma pessoa muito querida ao seu coração nos solicitou que assim procedêssemos. Perdoe-nos o atrevimento, mas fomos incapazes de resistir à súplica dessa irmã que agora vem pessoalmente conversar com você.

Oh, suprema felicidade! Nada pode se comparar à sensação de reencontrar alguém amado que julgamos perdido. Merneph não acreditava que estava ali, à sua frente, a sua amada companheira Iseth. Tentou falar, mas as palavras não saiam de sua boca. Só conseguia chorar. Não sabia se de dor ou de felicidade. Viu, então, a bela esposa se aproximar do filho, tomá-lo nos braços e carregá-lo, como se o fizesse a um bebê.

– Vamos amados – falou suavemente Iseth – nada mais temos a fazer aqui. Essa vingança, inadequada desde sua origem, será interrompida hoje. Não sejamos ingratos a Deus, que nos ampara sempre. Não me considere vítima, nem me eleja como causa a ser defendida. Todos vivemos muitas vidas e erramos muito. Dessa forma, qualquer sofrimento por pior que seja tem origem em nós mesmos e não em outros. Aquela experiência poderia ter lhe ensinado a enfrentar o sofrimento com mais fé e tranquilidade, educando nosso filho nos princípios que esposamos ao nos casar. Quanto ao Wagner, já não terá sofrido bastante? Será necessário nos arvorar em justiceiros e aumentar ainda mais a carga que pesa sobre nossos ombros? Não, meu amor. Chega de sofrimento. Uma nova era espera-nos, venha comigo.

Olhando a companheira que julgava perdida e observando os raios luminosos que saiam de seu peito, Merneph entregou-se ao cansaço. Já não podia mais aguentar aquela situação. Séculos de sofrimento passaram rapidamente pela sua tela mental. Tudo em vão, pensava em voz alta. Tentou segurar na mão da esposa mas já não tinha forças. Braços fortes e amorosos o envolveram, e entre o sono que teimava em chegar e a vontade de conversar com a mulher amada, ainda escutou as últimas palavras dela: – Venham, meus queridos, é tempo de refazer as estradas.

E segurando na mão do esposo, deixou o recinto acompanhado de médicos e enfermeiros que cuidariam deles a partir daquele momento.

Extremamente emocionado, Dr. Luiz finalmente compreendeu a dificuldade em tratar seu paciente. Olhando em derredor, observou o grupo de médiuns encerrando o trabalho com uma oração. Parecia que nada de importante havia acontecido.

Sorrindo sozinho, agradeceu a Deus a oportunidade de trabalhar aliando o melhor da psiquiatria física às terapias integrativas de saúde, em uma tentativa de tratar o doente e não a doença.

Capítulo 14

A ala dos abortados

Após duas semanas do "caso Wagner", o grupo se reunia mais uma vez. Na sala, as cadeiras dispostas aparentemente em um círculo, demonstrando pouco apuro quanto à organização do ambiente, indiciavam naquele momento o interesse, a busca de todos pela melhor maneira de desempenhar o trabalho, de se desdobrar e conseguir acolher as crianças que se preparavam para reencarnar.

A sala simples funcionava em outros momentos como sala mediúnica, e eventualmente como sala de reunião. O Hospital não podia se dar ao luxo de ter uma sala diferente para cada atividade. O escasso dinheiro era destinado aos pacientes internados.

O prédio onde aconteciam as atividades mediúnicas era rodeado de eucaliptos. O vento passeava entre eles e impregnava o ar de uma sensação de limpeza suave.

Todos sentiam o momento especial em que viviam. O véu havia sido rasgado em uma das pontas e uma parte da programação da Espiritualidade revelada pelos Mentores. Quanto ainda a se conhecer? Quantas coisas maravilhosas por descobrir?

Imbuídos desses pensamentos, o Grupo Fraterno se preparava para mais um desdobramento consciente. Percebendo a ansiedade reinante, Sr. José iniciou a reunião com uma prece, seguida de um relaxamento.

– Imaginem a luz violeta envolvendo o chacra coronário – iniciou Sr. José – e respirem profundamente. Inspirem pelo nariz e sintam o abdome se distender. Segurem a luz violeta nos pulmões. Soltem lentamente contraindo o abdome e sentindo a luz se espalhar pelo corpo. Imaginem agora a luz azul-índigo.

À medida que era repetido o exercício utilizando-se a cor específica de cada chacra, o ambiente acalmava, a pulsação cardíaca dos participantes diminuía, e aos poucos todos se sentiam relaxados e cada vez mais concentrados. Música suave falava das aspirações da alma. A luz azul ajudava a acalmar.

O grupo percebeu a presença dos amigos espirituais. Convidou Sr. José: – Sintam o carinho e a segurança transmitida por eles e se deixem levar pelo trabalho. Fechem os olhos para ver a presença de Deus nesse momento.

No Plano Espiritual percebia-se movimento inusitado. Assim que os médiuns deixavam o corpo físico, eram imediatamente acolhidos pelos trabalhadores do Plano Astral, que lhes aplicavam passes magnéticos. Os encarnados desdobrados se apresentavam descalços, e recebiam toques sutis. Era quase como afinar um instrumento de dentro para fora e de fora para dentro. Após esse tratamento, eles receberam túnicas que os dividiram em dois grupos, os de cor lilás e outro grupo de túnica azul-turquesa. Na altura do coração, no lado esquerdo da túnica via-se o símbolo da Fraternidade da Cruz e do Triângulo, fundada por Ramatís.

Todos receberam uma quota extra de energia no chacra cardíaco que oscilava entre a cor rosa e a verde. Alegremente, dirigiram-se à Colônia Esperança ciceroneados pelos Amigos Espirituais.

Chegando ao Lar da Criança foram acolhidos pela Irmã Carolina, coordenadora do Lar da Criança que os recebeu com uma mensagem de agradecimento.

– Somos todos muito gratos. Estamos ligados e conectados. Subimos juntos ao espiral de desenvolvimento pessoal e coletivo, nos capacitando mais e mais para o grande serviço do Cristo.

– É tempo de assumir nossas responsabilidades. Ao trabalharmos com o Cristo Jesus, nosso modelo, recebemos muito mais que doamos. Mas, a grande verdade é que à medida que contribuímos, criamos e espalhamos os campos de cura, que reverberam amplamente em benefício de milhares.

– A nossa ação sem a presença de vocês é limitada na assistência aos espíritos ainda ligados à energia do Planeta. O preparo do grupo, que começou há décadas, não deve parar nunca. A intenção primeira, a mais pura e verdadeira vontade de acolher e de amar deve ser o norte a guiar nossas atitudes.

– Precisamos de vocês, como parceiros. Rasguem o véu da incredulidade e abram espaço para a esperança. Paulo, o grande Apóstolo dos Gentios dizia-nos que a tribulação produz fortaleza, e a fortaleza a experiência, e a experiência a esperança.

– Esse grupo de trabalho foi denominado “Esperança e Luz” a pedido de Eurípedes e com a chancela de Maria, a Mãe excelsa. Façamos jus à confiança em nós depositada.

A emoção envolvia a todos. A cada dia os trabalhadores encarnados tomavam consciência da magnitude do trabalho. A Espiritualidade sábia ia desfraldando aos poucos a estrutura e finalidade da tarefa para não assustar os labutadores iniciantes.

Após as boas-vindas, a parte do grupo vestida com a túnica lilás foi direcionada à ala dos abortados, que ocupa uma expressiva parte da enfermaria, e está afastada das demais, devido ao baixíssimo padrão vibratório, uma vez que os pensamentos que exsudam da mente desses espíritos estão, na maioria das vezes, ligados ao ódio e à revolta.

Ali chegando defrontaram-se com os corpos disformes, retorcidos, encolhidos, envoltos em uma atmosfera triste e fria.

Era como se as luzes tivessem sido apagadas, parecia que o grupo estava novamente nas regiões umbralinas tal a densidade da energia na sala.

Marcos, percebendo a preocupação e o receio de alguns médiuns encarnados, aproximou-se em auxílio ao grupo.

– Amados, a visão simplista dos fatos fala-nos de vítimas e algozes. Mas, existirá isso em algum lugar do Universo? Acostumados a tomar partido, a julgar e condenar, somos ágeis em apontar o dedo. Obviamente, que toda oportunidade de reencarnação desperdiçada custa muito à economia energética dos infratores, pais e aborteiros, sejam eles médicos ou profissionais do aborto. Eles personificam a parábola dos que serão expulsos da festa, para um local onde haverá choro e ranger de dentes. Ninguém desdenha da vida em vão.

– Mas aqui, na vida verdadeira, não podemos nos perder em pensamentos de condenação. O amor que dedicamos a esses seres aparentemente frágeis devemos também dedicar aos pais transgressores, tão infelizes quanto esses que aqui se encontram.

– Que sentimento é capaz de fazer uma mãe abortar um filho? Que estranha força, que dor da alma é essa que adoece e seca a mais maravilhosa fonte da vida, a maternidade?

– Nossa função aqui não é a de juízes ou advogados, mas a de seareiros do Cristo. Devemos facilitar o acesso da luz às moléculas do corpo espiritual desses irmãos. A energia do ódio e da revolta impede que o tratamento desse hospital transcorra de forma mais rápida. Precisamos assim da energia dos encarnados, que se assemelha a desses irmãos desencarnados e facilita o nosso trabalho. A natureza não dá saltos. Deus utiliza seus auxiliares nos diversos planos da vida para condensar ou sutilizar o fluido cósmico universal que está presente em todos nós. Esse é o ponto que nos une, que nos irmana e permite que seres altamente espiritualizados e sutilizados possam atuar na matéria, não de forma direta, mas utilizando a estrutura de intermediários encarnados e desencarnados.

Apesar do aparente caos que os pensamentos tumultuados dos enfermos formavam, o tratamento dispensado àqueles espíritos era ininterrupto. Naquele momento, para além da transfusão energética entre os operários encarnados e os espíritos que viviam aquela situação de aborto, ouviam-se telepaticamente esclarecimentos a respeito do que era visto, pela voz serena e segura de Marcos.

– Em tudo que acontece, há concorrência de fatores. Os princípios que regem a criação estão sempre em vigor, lei de progresso ou evolução, lei de afinidade, livre-arbítrio, ação e reação. O que assistimos aqui não foge à atuação desses princípios. Esses espíritos colhem o fruto amargo de encontros e desencontros que ocorreram na esteira inexorável do tempo.

– Contudo, meus queridos – continuou Marcos – a lei primordial do Universo é a lei de amor e essa também está em ação. Apesar da escuridão e desolamento que abate os espíritos (pais, mães e filhos) envolvidos nesses processos resultantes da dor, e a frustração de encarnações interrompidas, abortadas, o amparo amoroso, hábil a despertá-los e reerguê-los não faltará.

Conforme os seareiros iam se acalmando os resultados começavam a aparecer. Fios invisíveis de ligação com os pretensos pais eram cortados. Isso trazia paz imediata aos pequenos. Eram, então, colocados em incubadoras que funcionavam de modo a aquecer, monitorar os sinais vitais e isolá-los do meio ambiente, impedindo que a influência nociva dos pais voltasse a interferir negativamente em suas mentes.

A doação energética saia das mãos dos médiuns como um calor em direção à cabeça dos abortados. Os técnicos do Astral acenderam uma luz em cada canto da sala, nas cores dos chacras superiores, visando elevar e manter o padrão energético do ambiente terapêutico, que naquele momento era um misto de violeta, azul-índigo, verde e rosa.

Mariana não cabia em si de júbilo. Chegando mais perto de uma das incubadoras, podia perceber como aquele tratamento acalmava a mente dos infelizes irmãos enjeitados.

Enquanto escutava a prece de Marcos, Mariana percebia que o conjunto de medidas tomadas pelos médicos e enfermeiros astrais provocava nos abortados a sensação de novamente estarem no útero materno. Criou-se na incubadora uma esfera de luz que imitava uma placenta, com acolhimento amoroso, fazendo com que as memórias de dor e abandono fossem tratadas.

Ainda espantada com o que via, Mariana se deparou com um tratamento maravilhoso. Servas de Maria, vestindo túnica alvíssima utilizavam energia das plantas, ectoplasma dos encarnados e energia da luz solar para construir moldes de corpos de bebês perfeitos. Esses moldes eram encaixados nos corpos disformes e mutilados e serviam como guia para a regeneração e cura do corpo espiritual. Assim que eram conectados, esses moldes traziam imediata sensação balsamizante aos pequeninos, que adormeciam profundamente.

– Mais uma vez – pensava Mariana – o amor vencia a multidão dos pecados.

Saindo da sala em profunda reverência, aproximou-se de Renato iniciando uma conversa fraterna.

– Fica de tudo isso, meu amigo, imenso aprendizado para nós. A necessidade de valorizar essa oportunidade bendita, de servirmos de instrumentos, nós encarnados e eles desencarnados, contribuindo simultaneamente com os deslocamentos desses irmãos dessa condição de sofrimento, ao mesmo tempo em que trabalhamos pela nossa própria condução para planos mais benditos.

Renato, concordando com Mariana, ainda refletiu acerca do sentido da palavra abortar.

– Aqui Mariana, falamos de oportunidades de encarnação. Porém, em nosso caminho evolutivo, somos suscetíveis à prática de abortamentos de outra ordem. Fugas de compromissos, falhas, interrupções, resistências relativas ao nosso crescimento, que poderão resultar também em dor, sofrimento e atraso em nosso processo evolutivo.

Quando todos estavam no corredor foram surpreendidos pela presença querida de Sita, o Mentor Oriental.

– Gostaria de convidá-los a participar de uma reunião especial com o médico dos pobres. Alguém se habilita?

Capítulo 15

O médico dos pobres

Maravilhoso! Assim podia ser definido o local onde se encontrava o Grupo Fraterno. A reunião havia iniciado de forma rotineira, e quando todos esperavam o desdobramento até o Lar da Criança, eis que surgiu Marcos, comunicando a alteração dos planos.

– Meus queridos – iniciou Marcos – hoje nossa programação será mais do que especial. Por favor, estejam tranquilos e concentrados. Venham comigo.

Dirigindo-se ao jardim, todos puderam reparar que dezenas de trabalhadores do Plano Espiritual estavam presentes. A sensação de alegria anunciava que realmente algo excepcional aconteceria.

Digno de nota era o comparecimento de inúmeras mulheres, vestidas com túnicas brancas leves que traziam um ar de seriedade e leveza ao grupo. Mariana, sempre curiosa, se aproximou de Marcos, mas antes que ela pudesse formular qualquer pergunta ele sorriu e disse:

– Sabia que você estava aflita para saber de tudo. Mas, dessa vez não vou estragar a surpresa. Posso lhe adiantar que temos entre nós algumas Servas de Maria, distinto grupo ligado à Mãe Santíssima. E dizendo isso apontou para elas. Sorrindo tranquila, Mariana se deixou levar, juntamente com todos os companheiros de trabalho mediúnico.

Tomando a palavra, Marcos se dirigiu a eles:

– Amigos, com a permissão divina, nossos irmãos trabalhadores do Astral, representando aqui diversas personalidades luminares, irão auxiliar-nos na viagem astral até nosso destino, que será uma Colônia em região feliz da Espiritualidade. Deem as mãos, se colocando entre dois obreiros divinos e se deixem levar sem receio.

Saindo do ambiente da Colônia Esperança, aonde se reuniam semanalmente, seguiam volitando com a assistência amorosa dos adestrados labutadores do Cristo. A paisagem tornava-se mais e mais bela. Subindo em espiral, os tarefeiros pareciam seguir o fluxo de alguma maré invisível. Extremamente emocionados, podiam observar o Planeta Terra em toda a sua majestade. A luz do Sol aquecendo e iluminando o orbe trazia uma sensação de gratidão imensa.

– Bem-aventurados os que têm puro o coração, porquanto verão a Deus, nos ensina Jesus – disse Marcos. – Sem a simplicidade, a pureza, os sentimentos superiores do espírito, não poderíamos estar aqui apreciando a beleza de nossa casa transitória de evolução. A partir desse momento, entraremos em zona vibratória diferenciada. Isso só é possível devido ao auxílio desses irmãos que nos acompanham.

E dizendo isso fez uma longa reverência com a cabeça aos trabalhadores, no que foi seguido pelos encarnados, que já não cabiam em si de contentamento e expectativa.

– Concentrem-se na energia universal que nos rodeia – continuou Marcos – deixem-se levar pelo fluxo, fechem os olhos e não temam. Nesse momento, após um aceno de cabeça de Marcos os desencarnados iniciaram um movimento circular cada vez mais rápido.

Mariana tinha a sensação de estar em uma montanha russa, sendo empurrada para a frente em velocidade crescente. De repente, veio a todos uma sensação indescritível de paz e tranquilidade. Já não havia movimento, tudo era paz e beleza. Parecia que eles haviam passado pela cortina de água de uma cachoeira penetrando uma caverna misteriosa que ficava escondida entre as rochas.

Abrindo os olhos os integrantes do Grupo Fraterno se extasiaram com a visão que tinham do local. Estavam nos arredores de uma cidade imensa. Avenidas largas, prédios enormes e pontiagudos, objetos semelhantes a carros e ônibus voadores. Muita, mas muita natureza. Todos tinham a certeza de que a construção da metrópole havia sido planejada respeitando cada microecossistema, de maneira que olhando de longe podia-se perceber a harmonia reinante em cada ambiente.

– Examinem ao redor – disse Marcos – vejam quantos encarnados estão aqui hoje.

Dezenas de milhares de pessoas apresentando um fio prateado ligado à cabeça caracterizavam aqueles que ainda estagiavam na Terra. Eles estavam reunidos nos arredores de uma construção que lembrava uma arena, um estádio de esporte ultramoderno. Colunas enormes sustentavam essa estrutura conhecida por Cenáculo do Caminho, em homenagem à Casa do Caminho, local de acolhimento erigido pelos primeiros cristãos. Era elíptico tendo no centro um palco que servia para diversas atividades, desde apresentações artísticas até reuniões como aquela daquele dia. Cadeiras confortáveis se espalhavam de forma circular totalizando mais de duzentos mil assentos.

Os encarnados se sentiam tímidos diante da majestade do local, mas o clima de fraternidade e respeito era tão grande que eles começaram a se soltar aos poucos. Alcançando o local pré-determinado, tomaram seus lugares. As cadeiras eram extremamente confortáveis e se moldavam ao corpo, trazendo sensação agradável.

Telões gigantescos estavam dispostos nos cantos do cenáculo e mostravam imagens da cidade espiritual enquanto uma música suave enchia o ambiente envolvendo a todos em alegria e expectativa.

– Marcos, é aqui que você mora? – indagou Dona Inês.

– Ainda não Dona Inês, mas esse é um dos meus objetivos – respondeu cortês. – Essa cidade espiritual é dedicada à educação e por isso recebeu o nome de Paideia. Fundada por antigos estudiosos dos problemas humanos, consideram que a base da solução de todos os problemas está na educação, em que o conhecimento desempenha papel primordial, liberando crenças e libertando as almas de atavismos milenares.

– Aqui, espíritos de escol ensinam àqueles que já se desprenderam da materialidade e que puderam demonstrar, enquanto encarnados, que os conceitos cristãos estavam verdadeiramente presentes em seus corações. Possui excelentes universidades que são visitadas por habitantes das mais diversas Colônias. Muitos aspiram por uma simples visita ou estágio nas instalações acadêmicas, mas somente é permitida a entrada, na cidade, de espíritos libertos das mazelas inferiores mais grosseiras e que se dedicam com afinco à reforma íntima.

– Aliam-se aqui – continuou Marcos, que era escutado por todo o Grupo Fraterno – o conhecimento e a amorosidade. Sabedores que o orgulho costuma atrapalhar as realizações do conhecimento, os dirigentes da cidade fundamentam todo o planejamento dos cursos na essência dos ensinamentos de Cristo Jesus e outros grandes Bodisatvas que mergulharam na escuridão vibratória terrena, unicamente, objetivando o bem da humanidade.

O som de uma trombeta anunciava o início das atividades. Com a disciplina característica dos planos superiores da vida, a reunião teve início com a entrada de um coral infantil. À frente das crianças uma linda jovem negra caminhou até o centro do palco, conduzindo o espetáculo musical com perfeição. O palco se elevava a um metro do chão, e para a surpresa de todos os encarnados, conforme o coral começou a cantar ele se transformou em um disco flutuante que dançava pelo Cenáculo, se aproximando de todos, dando as boas-vindas de uma forma inusitada.

A emoção tomou conta dos expectadores. Encarnados de todas as partes do mundo e representando ali as diversas religiões e movimentos do bem na Terra não esperavam pelo que estava acontecendo. Nem todos estavam ali pelo desdobramento consciente como os integrantes do Grupo Fraterno. A maioria vinha pelo desdobramento do sono.

Alegre grupo de pássaros multicoloridos cortou o céu azul, captando a atenção de todos. A brisa suave trazia o perfume das flores de Paideia. O silêncio era total. Um zunido agudo cortou o ar, e um facho de luz violeta desceu no centro do Cenáculo, aumentando de intensidade e tamanho, e para agradável surpresa de todos, materializando a Vera figura de Bezerra de Menezes, o apóstolo dos pobres.

– Amados do meu coração – iniciou sem demora o médico – permitiu a misericórdia divina que estivéssemos reunidos aqui hoje dessa forma tão especial.

– Nós somos convocados pelo Cristo Jesus para sermos seus soldados na guerra contra a ignorância. Não existe mal, existe amor adoecido. Não existem pessoas a serem combatidas, mas ideias inadequadas, crenças desnecessárias que precisam ser transmutadas, e solidários seremos união. Separados uns dos outros seremos pontos de vista. Juntos, alcançaremos a realização de nossos propósitos.

– É tempo de mudar a forma como vemos os acontecimentos na Terra, abençoado campo de edificações que nos acolhe. Sem Jesus uma flor tem mil espinhos, com Jesus um espinho tem mil flores.

– Nossa luta é pela vida, a favor da vida e do crescimento espiritual. De forma específica, conto com a colaboração de todos na prevenção do aborto, mal que vem se espalhando de forma corriqueira em todas as civilizações banalizando o dom maior de Deus, a própria vida.

– Existem cerca de cinquenta bilhões de espíritos que gravitam em torno da Terra, necessitando retornar para evoluir. Cada reencarnação nos exige tempo e planejamento. Somente o espírito santo de Deus, representado por milhões de trabalhadores atuando de forma contínua e sem descanso, utilizando o amor como arma e a solidariedade como ferramenta de mudança, poderia arcar com tanta responsabilidade. Mas centenas de milhares de irmãos, envolvidos pelo ódio, pela dor e pelo desamor, se entregam ao desespero e sentindo-se deuses interferem no planejamento superior, abandonando a vida e as oportunidades que poderiam libertá-los daquilo que mais temem.

– Não nos cabe julgar a quem quer que seja, muito menos condenar. A exteriorização do ego em atitudes insanas já não deve fazer parte do nosso dia a dia. Quando alguém cai em erro, nosso dever é estender os braços em socorro do irmão equivocado, evitando a crítica que apenas o precipita a quedas ainda maiores. Lembremos que amanhã poderá ser a nossa vez de cair também.

– A vida exemplar de Jesus na Terra não nos deixa margens a dúvidas. Os ensinamentos crísticos não servem para criar mais pedintes, mas sim seareiros. Não basta suplicar a intercessão aos bons. Convençamo-nos de que a nossa renovação para o bem, com Jesus, é sagrado impositivo da vida.

Não basta restaurar simplesmente o corpo físico. É inadiável o dever de buscarmos a cura espiritual para a vida eterna.

Da mesma forma que o coral, à medida que falava, Dr. Bezerra se aproximava das pessoas, levitando em um disco menor de cor azul-turquesa que brilhava intensamente. Mariana, que não conseguia tirar os olhos daquela figura impoluta, ao ver o médico se aproximar do Grupo Fraterno teve a sensação de que ele falava diretamente para ela, tal a intensidade do olhar daquele Mentor. Queria gritar a plenos pulmões que ela aderia à súplica do trabalhador do Cristo, que dedicaria sua vida a isso.

– A sociedade – continuou Dr. Bezerra – que apela para o aborto declara-se falida em suas bases educacionais, porque dá guarida à violência no que ela tem de pior, que é a pena de morte para inocentes. Compromete, portanto, o seu projeto mais sagrado que é o da construção da paz. Há quem diga que o aborto é um direito da mulher. Não existe engano maior. A vida pertence ao embrião, ninguém tem o direito de tirá-la.

– A gestante realmente precisa é de amparo à maternidade, de esclarecimentos quanto ao uso de métodos anticoncepcionais e de vias fáceis de acesso a eles. Uma sociedade organizada, segundo as leis de Deus, obrigatoriamente, deve ter o amor na sua base de sustentação. Deve cuidar da educação de crianças e jovens, dar todo o apoio à maternidade e à paternidade responsáveis, além de cuidar dos que trabalharam uma vida toda e têm de ser amparados na velhice.

– Aos que já têm a visão espiritualista da vida faço uma rogativa especial. Criem grupos de pré-natal espiritual. Transmitam aos futuros Pais a noção da vida pregressa e da continuidade dela. Ensinem como é difícil planejar uma reencarnação e falem sobre o tamanho da responsabilidade em impedir que um espírito de Deus tenha temporariamente interrompida a chance de evoluir.

Voltando ao centro do palco, Dr. Bezerra caminhava para o encerramento de suas orientações. A emoção tomava conta dos presentes. Aquela era uma oportunidade de ouro, todos entendiam assim. Ter a chance de estar encarnado e ser amparado por seres luminosos, de frequentar ambientes felizes de paz como aquele, era indescritível.

Percebendo os pensamentos dos visitantes, Dr. Bezerra continuou:

– Com toda grande oportunidade vem responsabilidades compatíveis. Todos vocês estão aqui por mérito próprio, não há privilégios no reino divino. Foram chamados a participar do festim das bodas, das atividades dos tempos chegados, anunciados há dois mil anos. É tempo de esperança e de certeza. É tempo de plantar para Jesus, de se sacrificar em nome da causa maior, que é levar o amor a todos os cantos da Terra, curando feridas, acolhendo sofredores, assistindo aos que sofrem sem julgamento. Roguemos à Maria, mãe de amor, que abençoe nossos propósitos divinos e nos auxilie a nos manter firmes na caminhada. Fiquem na paz de Deus.

Nesse instante, o coral infantil iniciou linda canção que falava sobre o respeito à vida. Os pássaros e borboletas pousavam nas cadeiras junto aos ouvintes, em comunhão energética de difícil descrição. As pessoas se abraçavam, renovando propósitos e promessas. O céu límpido trazia a mensagem da esperança. Tudo é possível àquele que crê. Envolvidos nesses pensamentos o grupo começou a deixar o Cenáculo, capitaneados por Marcos, o irmão especial que os auxiliava nessa travessia.

Lá embaixo no palco, Dr. Bezerra orava, com alegria e esperança em dias melhores.

Capítulo 16

Aspectos espirituais do aborto

Influenciados pelas últimas reuniões, os médiuns debatiam muito a respeito do aborto nos intervalos das reuniões de trabalho mediúnico. Desejando dilatar conhecimentos e evitar considerações unilaterais sempre lesivas, Marcos trouxe um experiente médico do Astral, especializado nas questões da sexualidade desarmonizada e suas consequências.

Após a abertura dos trabalhos e instado pelo Mentor, Dona Inês transmitiu pela incorporação o recado de Marcos.

– Queridos do meu coração, hoje temos um convidado especial. Estará conosco o Dr. Lorenzo Ilras, que dedicou mais de 50 anos da última encarnação para o tratamento de gestantes, na região da Bretanha. Ao desencarnar foi convidado a integrar uma prestigiosa equipe na Espiritualidade que coordena reencarnações de alto risco.

Enquanto Marcos falava utilizando suas faculdades mediúnicas, Dona Inês desdobrada entabulava interessante conversação com Dr. Lorenzo.

– Mas o que o trouxe ao Brasil, caro doutor?

– A árvore do evangelho redivivo foi transplantada para cá, nobre Inês. Cabe a nós todos cuidar da vida. Esse dom maravilhoso e sublime vem sendo menosprezado pelas facilidades modernas.

– É verdade – respondeu Dona Inês – seria muito bom que todos pudessem perceber a seriedade do problema, assim como aconteceu conosco no trabalho com Dr. Bezerra na semana passada. Fomos despertados para uma situação que nos assusta.

– Vamos nos preocupar e confiar ao mesmo tempo. Não podemos modificar ninguém, pois isso é trabalho individual e intransferível, mas podemos exemplificar o amor de uma forma tão maravilhosa que os corações alheios tocados nunca mais serão os mesmos.

E dizendo isso, associou-se ao corpo físico da própria Dona Inês, acoplando-se perispiritualmente e falando através dela.

– Boa noite a todos. Agradeço imensamente a oportunidade de conversarmos sobre os aspectos espirituais envolvidos no processo que culmina com um abortamento.

– É comum que observemos somente o ato final, ou seja, o ato de abortar. Concordamos que isso traz em si mesmo um duro golpe à vida, frio, que por sua vez traduz dores, às vezes, milenares e desconhecidas de todos nós.

– A reencarnação é um plano detalhado. Lembremo-nos de um projeto de uma casa. É necessário uma série de especificações, construir a base, realizar a fundação, pensar na estrutura, no acabamento, na luz, no conforto, e assim por diante. Reencarnar demanda planejamento. Quem serão os pais? Qual a melhor data? Que aspectos da personalidade trabalhar e aprimorar? Qual a profissão, a religião, o meio ambiente a enfrentar, as adversidades, as facilidades, as provas, os mentores encarnados?

– Isso tudo funciona como um quebra-cabeça gigante a ser montado e que depende de inúmeras situações para dar certo. A genética ocupa papel fundamental nesse processo, e cabe aos engenheiros astrais um trabalho minucioso nesse sentido. Nosso grupo vem aprimorando técnicas ao longo dessas últimas três décadas, e hoje somos responsáveis por milhares de reencarnações de alto risco.

– Esse termo, à semelhança da alcunha "gestação de alto risco", fala-nos de situações em que um dos envolvidos corre risco de vida. Sempre olhamos para o aborto como atitude que parte dos pais para o filho, mas a questão não é tão simples assim. Hoje mesmo veremos que a situação pode ser bem diferente do que pensamos.

– No planejamento espiritual, é da Lei que os futuros pais se reencontrem com os filhos antes da gestação, aceitando ou não a programação estabelecida pela Espiritualidade Maior. Obviamente, que a atitude de abortar constitui, então, um abandono desse compromisso estabelecido no Além, já que de volta à carne, os pais têm dificuldade em aceitar compromissos mais sérios e se deixam levar pelo medo.

– A cada aborto praticado, milhares de horas de trabalho duro são desperdiçadas. O raciocínio simplista de pensar que a vida só começa com o nascimento é pífio em si mesmo. Vivíamos antes do nascimento e viveremos depois da morte física. Não há acaso no Universo. Não há coincidência. Como disse Einstein: "Deus não joga dados com o Universo".

– A futura mãe se transforma literalmente em médium do espírito reencarnante. Daí a origem dos desejos, das mudanças de paladar, de personalidade e ritmo biológico. Óbvio que a troca de hormônios e outras substâncias entre mãe e filho também contribuem, mas muito antes das glândulas estarem formadas nos fetos, as mães já podem apresentar mudanças muito intensas.

– Dessa forma, ela capta as ondas mentais do futuro filho, interpretando os medos, receios e sentimentos de amorosidade ou aversão como se fossem seus, mas esses na verdade, muitas vezes, são somente do espírito que tenta voltar.

– Em processos milenares de ódio e vingança, como poderíamos separar o que é da mãe e o que é do filho? Por mais que desejássemos, nem toda reencarnação é feita de anjos que vêm preencher uma página em branco nas nossas vidas. Na maioria das vezes buscamos antigos adversários para nos harmonizar pelo amor, e limpar centenas de páginas escritas com dor, violência e mágoa.

– Daqui a alguns minutos entrará nessa sala uma prima do colega Luiz, diretor médico desse nosocômio. Observem o processo e voltaremos a falar.

Enquanto Inês voltava ao corpo físico, acoplando-se a ele, eis que como havia previsto o médico astral, entrou na sala mediúnica o Dr. Luiz, já tão conhecido do grupo. Recebido amavelmente por Mariana, ele explicou que trazia uma prima, também espírita, que estava apresentando um quadro de mal-estar e dores importantes, e solicitou assistência energética emergencial.

Trazida para a sala, Tânia foi apresentada por Luiz. Mariana a acolheu com amorosidade, fazendo-a sentar-se em uma cadeira ao lado da mesa mediúnica, permanecendo ao seu lado, aplicando-lhe eflúvios magnéticos.

Sr. José, elevando os pensamentos ao Alto, iniciou os trabalhos de assistência energética conforme solicitado pelo amigo médico. Mariana percebia claramente a presença do espírito reencarnante junto à Tânia. Mas algo diferente estava acontecendo. Não havia energia amorosa de envolvimento, mas ao contrário, o quadro gerava angústia imensa.

Curvando-se sobre ela, cochichou em seu ouvido: – Tânia, você está grávida?

Tomada de espanto, ela rapidamente respondeu: – Claro que não!

Nesse momento, João, sentado à mesa mediúnica, começou a falar.

– Não quero e não aceito! Imagina, onde já se viu me colocar ao lado desses dois novamente. São lobos vestidos de cordeiros. Falsos! Hipócritas!

Atendendo a um sinal dado por Sr. José, Mariana aproximou-se para a conversa fraterna com o espírito incorporado em João.

– Seja bem-vindo meu irmão, em nome de Jesus. Em que podemos ajudar?

– Me tirando daqui, ora essa. Aliás, poderia me explicar que armação foi essa que me ligou a essa aí novamente? – disse o espírito apontando para Tânia.

Tomada de surpresa pela agressividade da fala, Tânia desabou em choro.

– Não adianta chorar, sua bruxa, agora já passou da hora – continuou o espírito gritando e chorando ao mesmo tempo. – Fiquei anos em sofrimento por sua causa e agora não vou voltar para sua família de jeito nenhum. Se insistirem nisso mato nós dois.

Sentindo a gravidade do momento, Sr. José se aproximou, auxiliando no caso e pedindo a todos que vibrassem em favor do irmão. Pétalas etéricas azuis imediatamente começaram a cair do Alto trazendo sensação de alívio. O irmão revoltado foi desligado do médium e adormecido, permanecendo ao lado de Tânia.

Envolvida em passes magnéticos dispersivos, Tânia foi se acalmando, após o que se retirou da sala em companhia do

Dr. Luiz, que prometeu retornar mais tarde para entender o que estava acontecendo.

Reassumindo a mediunidade de Inês, Dr. Lorenzo reiniciou a conversa.

– Esse é um exemplo concreto de como o espírito que está tentando retornar ao planeta exerce influência positiva ou negativa sobre a mãe, a depender do grau de afinidade ou desajuste entre eles. Lógico que quando dizemos mãe, nos referimos também a todo o sistema familiar, porém temos de convir que a mãe, por ser o contato direto desse espírito com o planeta, sofra-lhe a influência de forma mais acentuada.

– Infelizmente, esse caso não poderá seguir adiante. Nosso infeliz irmão se cristalizou de tal forma no ódio e na vindita que a tentativa de prosseguir na gestação pode gerar distúrbios irreversíveis na economia materna.

– Em vivências pregressas, Tânia e o companheiro de hoje abandonaram à sorte nosso amigo. Hoje o quadro se inverte. Se voltássemos no tempo não conseguiríamos distinguir quem iniciou o processo traumático bilateral. Assim acontece também conosco, tanto temos errado nas nossas inúmeras tentativas de encarnação frustradas que é infundado nos designar como vítimas de alguma coisa.

– Nessa noite, espero contar com vocês no auxílio a esse irmão que será retirado dessa gestação fracassada. Temos aqui também um abortamento, mas não vemos a mãe agressora, nem o pai omisso e muito menos o aborteiro. Observamos a desistência por parte do amigo espiritual.

– É nosso dever respeitar a decisão, mesmo sem concordar, e auxiliar no que pudermos para que em futuro próximo eles possam se aproximar novamente. Mas, se insistíssemos em manter a gestação como está, a mãe poderia ser acometida de forma mais direta, com risco de morte.

– Estou aqui agora para responder a qualquer pergunta que surgir.

Tomando a palavra, Renato, médium do grupo, não se fez de rogado. – Caro Dr. Lorenzo, minha mãe me relatou que teve um abortamento espontâneo um ano antes da minha chegada. Esse tipo de problema pode também ter origem espiritual?

– Excelente pergunta Renato. As ações mentais de uma "gestante" também possuem propriedades psicocinéticas e podem ter profunda repercussão sobre as ligações energéticas do espírito reencarnante com o seu embrião.

– Há mães e pais que odeiam o fato de estarem "grávidos". Seja pelas circunstâncias dolorosas que motivaram a gravidez, seja pela dificuldade de relacionamento com o esposo que a gestação lhes ocasiona, ou ainda pela situação de penúria econômica em que se situam, antevêm uma agravação da situação pelo estado em que se encontram.

– Muitos renascimentos têm origem na necessidade de harmonização de desafetos passados. A oportunidade do vínculo familiar, e do véu de esquecimento do pretérito é um recurso que os amigos espirituais utilizam para a reaproximação das criaturas. O intercâmbio energético materno-fetal será cada vez mais valorizado pela ciência médica. Só o conhecimento da existência do Espírito abrirá as portas para a compreensão desse problema.

– Bem antes de ser diagnosticada como grávida, a mãe já se sente assim seja por intuição, por sonhos, receios ou mudanças variadas prenunciando que algo está diferente. Durante o desdobramento natural do sono, a futura mãe abandona o corpo físico e percebe ao seu lado o espírito preparado para retornar. A depender da afinidade espiritual ou da falta dela, poderá desencadear processos de aceitação ou rejeição provocando o sucesso ou insucesso da gestação em curso.

– Evidentemente que a Espiritualidade está sempre a postos para auxiliar, independente de crenças ou da ausência delas. Mas, lembremo-nos que não há violência nos planos de Deus. Ele não nos obriga a nada. Cabe-nos sempre a última decisão.

– Fique tranquilo, no seu caso em particular, sua mãe não provocou o aborto de forma inconsciente. Aquele espírito é justamente seu filho mais novo que retornou posteriormente. Aquela gestação foi somente um ensaio, permitindo a ele drenar energias densas que incompatibilizaram o renascimento. Cuide dele. Ame-o com todo o seu amor e entendimento.

A reunião chegava ao fim. Marcos estava satisfeito. Aquela aula prática tinha sido de muita valia. O progresso do grupo dependia da mudança de crenças atávicas, arraigadas no coração de muitos. Era necessário abrir mão da visão terrena, tacanha, pequena. Era tempo de voar alto, de enxergar as coisas pelo prisma espiritual.

Abraçando Dr. Lorenzo, se despediu emocionado do amigo, prometendo reencontrá-lo mais à noite para o desligamento do irmão infeliz.

Halos de luz prateada da lua cheia dançavam com os eucaliptos fazendo as sombras ganharem vida. Vida, sempre vida. Não há morte – pensava Marcos. Há vida e vida em abundância.

Capítulo 17

O Hospital de Eurípedes no Astral

Acima do Hospital Espírita, no Plano Espiritual, o movimento era intenso. Uma estrutura hospitalar bem maior e mais complexa que a do plano físico cuidava de milhares de almas que se beneficiavam das terapias dirigidas à obsessão, ao transtorno mental e à drogadição.

Marcos e Sita dialogavam amigavelmente com Dr. Alberto Pinheiro, o diretor médico desencarnado da Instituição. Fazia exatamente quarenta anos que ele trabalhava com Eurípedes Barsanulfo, após ser acolhido pela bondosa equipe do Mentor Mineiro, história que eles passavam a conhecer naquele instante.

Dr. Pinheiro relatava que fora médico no interior de Minas Gerais. Sua família remontava às antigas raízes judaico-espanholas, expulsas da Espanha pelo decreto de Alhambra. Nessa ocasião, seus pais mudaram-se para o Brasil com a intenção inicial de permanecer em São Paulo, mas o surto de gripe espanhola que acometeu o país os fez buscar a ajuda do apóstolo de Sacramento, que na época se expunha ao perigo da contaminação exemplificando os ensinamentos do Cristo.

Para tristeza de Pinheiro, a doença acabou por levar seu pai e seu irmão à desencarnação. O ano era o de 1918.

Abrigados por Eurípedes em Sacramento, a viúva e seus três filhos, sendo Alberto o mais velho, recebiam auxílio do insigne seareiro de Jesus. Os meninos ingressaram no Colégio Allan Kardec e a mãe passou a trabalhar na função de doméstica em casa de abastada família conhecida de Eurípedes.

Eurípedes dizia a Alberto que ele deveria se dedicar muito aos estudos, se tornar um médico, e que o aguardaria para uma vaga de trabalho no Sanatório Espírita de Uberaba, onde Barsanulfo era diretor.

Porém, meses após serem auxiliados, a família Pinheiro assistiu à desencarnação de seu benfeitor, vitimado também pela gripe espanhola. Alberto honrou o nome de Eurípedes, dedicando-se aos estudos, mas discordou da segunda parte da orientação do Mentor, e preferiu seguir o caminho da cirurgia, pois não vislumbrava uma vida mais confortável financeiramente atendendo loucos no Sanatório.

Durante décadas exerceu a medicina com destreza, mas sem amorosidade. Em momentos de reflexão, lembrava-se do Mentor Amigo e prometia a si mesmo que mudaria de rumo, mas já estava muito enfronhado nas questões pecuniárias e modificar rumos no meio do caminho era para espíritos maduros, coisa que não correspondia à estatura espiritual do médico aprendiz naquela época.

A desencarnação o encontrou despreparado para as questões do sutil. No colégio Allan Kardec recebera ensinamentos que, aos poucos, voltavam à sua memória, mas ainda se mostrava muito apegado à culpa, e essas lembranças o martirizavam ainda mais, pois não se permitia entrar na sintonia positiva que o poderia auxiliar. Recordava-se vivamente de Eurípedes, mas se sentia envergonhado para solicitar ajuda.

Após um tempo que não saberia precisar, chorou amargamente, implorou, pediu, suplicou, gritou e finalmente se entregou à prece verdadeira, lembrando-se da mãezinha querida – o milagre que somente o amor materno é capaz de fazer. Entregue às reminiscências da genitora querida sentiu-se envolvido por energia superior que não divisava, mas o acolhia a ponto de entorpecê-lo até o sono profundo. Acordou em lugar completamente diverso daquele onde perambulava. Era um imenso hospital na Espiritualidade que lhe proporcionou o tão sonhado reequilíbrio.

Após a recuperação completa finalmente foi chamado a uma reunião com Eurípedes. Ele havia solicitado esse encontro tantas vezes à sua mãe, mas ela sempre dizia que a hora ainda não havia chegado. Sentia-se desprestigiado, mas ao mesmo tempo refletia que não tinha mesmo méritos para exigir nada. Havia falhado no compromisso com o Mentor Mineiro.

Recebido com um abraço afetuoso, sentiu-se novamente no Colégio Allan Kardec em Sacramento. Ajoelhou-se aos pés do apóstolo do Triângulo Mineiro aos prantos, e talvez motivado pelo magnetismo superior de Eurípedes abriu seu coração com sinceridade, expondo suas fraquezas e o remorso do acordo assumido e não cumprido.

– Querido Alberto – iniciou Barsanulfo – não há motivos para se desculpar, pois cada um dá o que tem. Quando sugeri que você se tornasse médico e que eventualmente viesse a trabalhar no Sanatório era porque o tinha como órfão amado ao meu coração, mas veja, a sua triste situação após a desencarnação não se deveu a isso.

Pego de surpresa, Alberto interrompeu o choro, sentou-se na cadeira ao lado do diretor da Colônia Esperança e passou a ouvi-lo com toda a atenção.

– Não meu amigo – continuou Eurípedes – a questão não é somente o que fazemos, mas como fazemos. A Deus, qual seria a importância de você trabalhar no Sanatório? Aquele era um sonho meu, mas você poderia ter sido um médico dedicado aos pobres e aos mais necessitados independentemente da cidade e da especialidade que você viesse a escolher. Entende a diferença? Atordoado ainda com essas informações, Alberto finalmente parecia compreender.

– Querido mestre – disse olhando nos olhos do Mentor – estou realmente decidido a mudar de rumo. Chega de desperdiçar oportunidades. Ajude-me mais uma vez. O que devo fazer? Quero aprender.

Eurípedes, segurando as mãos de Alberto entre as suas, respondeu com amorosidade: – Meu filho, você aceitaria retornar ao banco da escola para aprender a medicina espiritual? Estaria realmente disposto a trabalhar nas posições mais humildes, mostrando seu valor ao Cristo Jesus, aceitando posteriormente desafios cada vez maiores que viriam na velocidade da sua mudança espiritual?

– Aceito, nobre Eurípedes – disse Alberto, orgulhoso e aliviado.

Embalado nesses sentimentos, Dr. Alberto Pinheiro havia recomeçado sua trajetória exatamente como dissera Barsanulfo, estudando, dedicando-se a tarefas de humilde aprendizado e, aos poucos, exercendo atividades mais complexas e de mais responsabilidade sendo que quase a um lustro dirigia o hospital espiritual de uma das casas espíritas do plano físico que levava o nome de Eurípedes Barsanulfo, exatamente o hospital que acolhia o Grupo Fraterno.

Sita e Marcos estavam emocionados com a história.

– Dr. Alberto – iniciou Marcos – grato por dividir conosco essa parte da sua trajetória. É interessante notar que todos temos nosso passado a nos condenar, mas os que conseguem conquistar vitórias espirituais são justamente aqueles que em um determinado momento dão um basta na culpa, no remorso e passam a comandar suas vidas. Verdadeiramente, temos de entender que não podemos ser reféns das nossas fraquezas.

– É fato, Marcos. Demorei muito a aprender isso, mas tenho colhido frutos abençoados dessa segunda oportunidade que me foi concedida por Eurípedes. Obviamente, que ainda reencarnarei em futuro próximo para mostrar no plano físico que realmente aprendi a lição.

– Essa possibilidade te assusta? – perguntou Sita.

– Já me assustou mais. Conforme entendo mais a complexidade do trabalho que os Mentores realizam para tentar ajudar os desencarnados, sinto-me mais tranquilo em pensar no amparo que receberei quando minha hora na carne chegar.

A conversa foi interrompida por Edith.

– Desculpem pela interrupção, mas nossos amigos já estão iniciando a reunião.

Encaminhando-se para a sala mediúnica, encontraram todos sentados e concentrados, sob a segura coordenação do Sr. José, que iniciava naquele momento o desdobramento, visando à visita ao Lar da Criança.

Acolhendo os médiuns, Marcos passou a acomodar um a um no ambiente espiritual. Quando o grupo estava já todo desdobrado, ele iniciou uma conversa preliminar, explicando os objetivos da reunião daquela noite.

– Amigos – principiou Marcos – é com prazer enorme que damos prosseguimento às nossas reuniões de estudo e trabalho no Plano Espiritual. Nessa noite, temos o privilégio de contar com a presença do diretor espiritual desse hospital, nosso irmão Alberto, médico da confiança de Eurípedes Barsanulfo.

Com as mãos à altura do coração, Alberto abaixava a cabeça e cumprimentava os trabalhadores do Grupo Fraterno.

– Dr. Alberto – continuou Marcos – permitiu que nessa noite vocês conhecessem as instalações do hospital espiritual que existe acima do hospital físico.

– Amigos companheiros de trabalho – principiou Dr. Alberto – antes de mais nada, gostaria de agradecer a dedicação e a seriedade que todos vocês têm demonstrado na lide com os pacientes internos dessa Instituição. Direta e indiretamente, o trabalho realizado aqui colabora também com os desencarnados que permanecem internados no hospital espiritual.

– Para que essa assistência possa ser realizada com mais clareza e eficiência, programamos essa visita, pois como nos diz Eurípedes, o conhecimento proporciona intencionalidade. Solicito a todos muito foco e concentração. O silêncio e o respeito são bem-vindos.

E dizendo isso passou a guiar os médiuns. O Ambiente Astral do hospital era parecido com o físico, porém maior e mais brilhante. Além disso, o nosocômio etérico possuía departamentos que não existiam no plano físico.

Mariana, como sempre curiosa, expôs as dúvidas que provavelmente eram de todo o grupo.

– Dr. Alberto, quer dizer que temos aqui uma cópia do nosso hospital no Plano Astral? Mas isso é fantástico!

– Não, Mariana. Acho que você não entendeu – respondeu o médico sorrindo. – O que nós temos à nossa frente é o contrário, uma cópia física do hospital do Astral.

Os companheiros de grupo estavam admirados com a novidade. Apesar do conhecimento do sutil e do treinamento de desdobramento, ainda não tinham realmente interiorizado que tudo vem do espiritual e não o contrário. Obviamente, por viverem a vida no plano físico, era mais fácil que o raciocínio sempre colocasse no centro a questão física, a matéria.

– Quando Eurípedes teve a ideia de montar mais um hospital visando ao acolhimento fraterno de drogaditos e transtornados da mente, mobilizou uma centena de trabalhadores espirituais, plasmando no Astral o que viria a ser o futuro hospital. Aproveitando a estrutura construída iniciou um trabalho de atendimento fraterno nos moldes do que gostaria que acontecesse no plano físico.

– Os pioneiros desse hospital no plano físico eram trazidos em desdobramento do sono para cá e ao acordarem retinham lembranças que interpretavam como sonhos e premonições, como projetos que deveriam encampar.

– Mas e o projeto arquitetônico? – indagou Renato.

– O processo se deu da mesma forma. Os idealizadores encarnados do hospital eram trazidos juntamente com a equipe de arquitetos e engenheiros que fariam o projeto. Eles observavam em detalhes a estrutura construída e iam gravando na mente os detalhes. Além disso, equipes apropriadas se juntavam aos arquitetos no momento da materialização do projeto, quando ele era colocado no papel, inspirando e sugerindo modificações.

Era incrível pensar daquela forma. Mesmo Dona Inês que estava ali desde o começo estava estupefata em pensar na enormidade de detalhes que envolviam uma concepção como aquela.

À medida que caminhavam pelo hospital, vários trabalhadores desencarnados juntavam-se ao grupo, em postura de espera tranquila. Saindo em imenso pátio entre o hospital dia e a unidade de dependência química observavam uma praça enfeitada ao centro com um coreto. Uma senhora alta coordenava a apresentação de várias crianças vestidas de branco que cantavam em homenagem a visitantes de outra Colônia Espiritual. Eram irmãos que pela primeira vez visitavam o hospital, admirados da complexidade do trabalho.

– Vejam a enorme regalia que vocês têm hoje. Espíritos já algo evoluídos vêm aqui visitar esse hospital, se encantando com o trabalho realizado. Vocês têm nessa encarnação, para usar uma expressão bem da região, a faca e o queijo na mão, então aproveitem bem, meus irmãos. Enquanto todos riam, chegavam a um auditório no Astral repleto de crianças desencarnadas pelas drogas. Periodicamente, elas eram trazidas até o hospital para observar os internos, reverem as consequências do uso das drogas do ponto de vista espiritual. Ali eram estudados caso a caso, a dependência por álcool, pelo cigarro e por drogas ilícitas. O grupo se impressionava com a dificuldade que constituía para os médicos do Astral a reconstituição do corpo perispiritual lesado pelas drogas.

Aparelhos diferentes ocupavam a maioria das enfermarias. Percebendo o interesse de todos por esses aparelhos, o diretor médico explicou rapidamente.

– Todas essas tecnologias chegarão à Terra em breve. Na época que André Luiz escreveu *Nosso Lar* a diferença tecnológica entre o Plano Astral imediato e o planeta era algo em torno de sessenta anos. Hoje, isso já diminuiu pela metade e caminha para uma integração lenta, mas progressiva. No momento certo, entraremos em detalhes com vocês sobre a utilização desses aparelhos.

Enorme enfermaria chamou a atenção de todos. O espaço era realmente grande. Cabiam ali não menos do que trinta camas confortavelmente dispostas. Era amplamente arejada, com um chão alvíssimo e as paredes pintadas de cor lavanda suave, e com lâmpadas coloridas acima de cada cama.

O ambiente era preenchido por uma música suave – naquele exato momento escutava-se a *Ária da Corda Sol*, composição conhecida de Bach.

– A música – veio Marcos em auxílio de todos – é fundamental no tratamento, pois auxilia na mudança de frequência vibratória e transmuta a dor em alegria.

Deitados nas macas podiam-se contar mais de vinte desencarnados em situação inusitada. Vários trabalhadores, à guisa de enfermeiros, aplicavam uma espécie de gel azulado sobre a pele dos doentes. A impressão inicial era de uma grande queimadura que distorcia e deformava a pele astral.

– Temos aqui – explicou Dr. Alberto – o resultado de décadas de exposição à maconha. Encarada de forma cada vez mais banal pela humanidade encarnada, essa droga está relacionada à maior incidência de depressão em adolescentes, a surtos esquizofrênicos, lesões cerebrais diversas entre outros aspectos científicos. Mas, aqui no Plano Legítimo de vida vemos realmente as consequências da associação do uso crônico da maconha com a influenciação espiritual menor.

– Desavisados e desligados do mundo espiritual, infelizmente nossos irmãos acabam se transformando em fornecedores da energia da droga ao desencarnados. São estimulados por esses verdadeiros vampiros energéticos a utilizar o máximo de droga possível, para que o uso crônico leve a lesões na tela etérica e astral, uma espécie de pele dos corpos espirituais que tem função específica de proteção energética. Uma vez rompida essa fronteira, o acesso dos obsessores se torna infinitamente mais fácil, é como cozinhar com a tampa da panela aberta, onde todo o calor se dissipa.

– Esses irmãos, lentamente, lesaram a tela etérica e astral proporcionando verdadeiro banquete energético a viciados do plano inferior, que encontravam neles fonte de acesso fácil às drogas. Isso explica porque alguns encarnados utilizam quantidades absurdas de drogas e não desencarnam.

Pedindo a palavra, Marcos convidou a todos para auxiliar no tratamento.

– Meus amigos – iniciou – o ectoplasma dos encarnados é material riquíssimo na terapêutica espiritual. Devido à maior afinidade vibratória entre vocês encarnados e esses assistidos, é mais fácil reconstituir o tecido perispiritual utilizando essa energia de forma consciente.

– Solicito a todos que se concentrem e que, conscientemente, queiram doar o ectoplasma para a reconstituição do corpo espiritual desses irmãos internados nessa enfermaria.

À medida que se concentravam, grande quantidade de fluido esbranquiçado saia dos médiuns e era recolhido pelos trabalhadores que manipulavam essa energia com passes longitudinais, confeccionando faixas que eram enroladas nos corpos dos assistidos, com o intuito de reter o gel azul terapêutico aplicado pelos enfermeiros astrais e ajudar na reconstrução do perispírito.

O efeito sobre os doentes era imediato. Todos, sem exceção, entravam em sono profundo e reparador. Apagando as luzes brancas e ligando as verdes e azuis, Marcos convidou a todos para saírem do quarto.

O tour inusitado continuava. Enfermarias com dementados adormecidos em aparelhos que se assemelhavam a grandes incubadoras, conectados a modernos aparelhos que registavam em telas finíssimas e dobráveis a evolução das condições de saúde energética e espiritual dos assistidos.

– Essa é uma primeira visita – relatou Dr. Alberto – é um reconhecimento geral das atividades desenvolvidas no nosso hospital astral, e outras virão. Não se preocupem que na hora apropriada vocês conhecerão tudo que fazemos aqui. E depois de estarem bem familiarizados, outras alas muito mais adiantadas poderão ser mostradas no hospital da Colônia Esperança.

O grupo ainda permaneceu trabalhando e conhecendo a estrutura hospitalar por mais quarenta minutos.

Marcos estava admirado com a humildade e o comprometimento do médico com a obra fundada por Eurípedes Barsanulfo. Como eram interessantes os mecanismos pelos quais a vida ia levando cada um para o seu verdadeiro desiderato. A premonição de Eurípedes se realizava em Alberto. Ele finalmente estava trabalhando no hospital com drogaditos e dementados. Não importava que não fosse no Sanatório de Uberaba, pois a obra do Cristo não tem partidarismo, não se restringe a ideias e religiões. Só pelo amor é que se reconhece as coisas cristãs.

Envolvidos pelo luar, irmanados no deslumbramento do trabalho descortinado pelo diretor médico, todos se reuniram na praça do coreto onde a poucos minutos cantava o coral das crianças.

Convidada por Alberto para proferir a prece, Dona Inês não se fez de rogada. Elevando os pensamentos a Jesus, evocou a energia da Mãe Santíssima que respondeu imediatamente com uma chuva de pétalas azuis que inundou o ambiente, envolvendo toda a casa física e astral, abençoando os trabalhadores, estudantes e internos daquele oásis.

Emocionado com a cena, Alberto relembrou os dias difíceis em Sacramento, os Pais e o Apóstolo Mineiro do Espiritismo. Quanta gratidão trazia em seu coração. Seriam necessários muitos anos ainda de trabalho para poder expressar essa gratidão da maneira adequada, auxiliando os mais necessitados e exemplificando pelo amor todas as benesses que tinha recebido.

Capítulo 18

Renato

ERA UM DIA COMUM NO CONSULTÓRIO. A agenda de Renato estava marcada para ser encerrada mais cedo, pois ele e a esposa deveriam levar as crianças para uma consulta de rotina com o pediatra.

O casal havia se conhecido na Faculdade de Odontologia, e o relacionamento entre eles era suave e leve. Renato até então se dizia católico, apesar de não frequentar a missa assiduamente. Cristina, sua esposa, havia nascido em berço espírita e ajudava a mãe nos trabalhos de uma creche que assistia a mais de duzentas crianças.

Inicialmente, para agradá-la e posteriormente por interesse, Renato foi se aproximando e ficando cada vez mais curioso em relação às explicações que a Doutrina Espírita oferecia sobre a vida após a morte, o porquê das doenças e dos problemas físicos.

Após a formatura veio a primeira filha, Patrícia. Alegria imensa invadiu a vida do casal e não parou por aí, pois mais tarde chegariam Isadora e José Paulo, o caçula. Seguindo o instinto maternal, sempre mais evoluído que o paterno, Cristina resolveu diminuir o ritmo de trabalho, e passou a se dedicar meio período ao consultório e o resto do dia às crianças.

Renato havia dividido com Cristina suas impressões em relação a José Paulo quando da visita ao Lar da Criança. Além disso, o Dr. Lorenzo Ilras havia comentado sobre José Paulo ser a reencarnação de seu irmão abortado espontaneamente. Tudo isso o impressionou demais. Por isso, adiantou o retorno ao pediatra.

Chegando à clínica, foram atendidos pontualmente. Dr. Fernando era contemporâneo do casal na faculdade. Fizeram algumas matérias juntos e uma amizade sincera os unia, e era sempre prazeroso estar ali com ele.

Sabendo de antemão que Fernando era um estudioso do espiritualismo, Renato abriu seu coração a ele. Explicou sobre o treinamento de desdobramento consciente, a visita ao Lar da Criança, de como havia ficado impressionado com a sensação de que algo ali estava relacionado a José Paulo. Gostaria muito de fazer uma avaliação rigorosa nos meninos.

Dr. Fernando iniciou o exame individual das crianças, deixando José Paulo por último. Ele sempre brincava com o irmão menor dizendo que as meninas tinham prioridade, e ele não passava de um escravo delas, deveria fazer tudo que elas mandassem. Isso descontraia o ambiente, as meninas adoravam e o pequeno sempre saia emburrado.

Renato acompanhava de perto o exame físico dos filhos, e estava satisfeito em ver que tudo ia bem. Chegando a vez de José Paulo, notou que Fernando demorou mais um pouco na palpação da barriga.

– Tudo bem? – perguntou Renato.

– Está sim – respondeu Fernando – meio sem graça. – Dessa vez vamos solicitar exames de imagem das crianças. Uma ultrassonografia do abdome seria interessante.

Desconfiado, Renato e a família se despediram, deixando os exames marcados na clínica para o dia seguinte.

Uma longa noite de preocupação envolveu Renato. Por mais que procurasse se desligar do problema, não deixava de pensar na recomendação do Dr. Lorenzo: – "Aquela gestação foi somente um ensaio, permitindo a ele drenar energias densas que incompatibilizaram o renascimento. Cuide dele. Ame-o com todo o seu amor e entendimento".

Sempre notara em José Paulo um temperamento mais fechado. As meninas eram expansivas e ele mais calado. Não chegava a ser triste, pelo contrário, só era mais sério. Levava isso à conta das diferenças normais entre os dois sexos. Era natural que a mulher gostasse de falar mais um pouco – pensava.

Não suportando mais ficar na cama, procurou a varanda iniciando uma conversa com seus Mentores. Sentado em uma cadeira de vime, olhou para as estrelas em busca de inspiração e de consolo.

– Pai, me ajude – iniciou em pensamento – estou muito agoniado. Sei que o Senhor cuida de nós e o melhor vai acontecer, mas por que meu coração está tão aflito? O Senhor sabe do amor que tenho por essas crianças e de como seria difícil suportar qualquer problema com elas, por isso me dê forças Pai, pois eu mesmo não estou me reconhecendo.

Permaneceu assim nesse estado por longos minutos, adormecendo. Se viu saindo do corpo. Ali estava Sita, o Mentor Amado. Após o abraço fraterno, Sita segurou em sua mão e indicou que iriam a outro lugar. Com a palma da mão virada para cima, o convidou a respirar profundamente e se acalmar.

Aproveitando o magnetismo do Mentor, Renato se deixou levar e se acalmou. Entraram em uma enorme sala na Colônia Esperança. Já estive aqui, pensou Renato. Sita se aproximou de um sofá, solicitando a ele que se sentasse confortavelmente e assistisse a um vídeo.

Uma projeção se iniciou em uma tela à sua frente. Na imagem se via com Cristina. Eram estudantes ainda. Ainda não haviam se casado. Estavam em desdobramento naquela mesma sala com Sita e outros Mentores. De repente, entraram três espíritos. Seus futuros filhos – intuiu imediatamente.

O filme continuou. Notou que José Paulo estava convalescente. Cristina imediatamente se levantou para abraçá-lo. Um sentimento maravilhoso envolvia aquela cena trazendo emoção a todos. Na trilha que se desenrolava à sua frente, Sita falava sobre a experiência dolorosa que enfrentariam e ele observava a tela com alegria ao ver que Cristina e ele se abraçavam, fundidos na certeza de que tudo superariam em conjunto.

Mais tranquilo, percebeu que qualquer que fosse o problema a enfrentar, tudo estava programado e os Mentores estavam amparando a todos.

Amanheceu o dia. Aproveitando o jejum, levou as crianças para o exame de sangue e de imagem. Após as reclamações normais para a coleta de sangue, iniciaram o exame de ultrassonografia.

Uma médica educada foi escalada para assisti-los. Ao fazer o exame em José Paulo indagou aos pais: – Ele tem algum problema de saúde?

Aquela pergunta caiu como um raio sobre Renato. Branco igual cera, quis falar e não conseguiu.

– Calma – disse a médica. – Poderíamos falar com o Dr. Fernando? Acho que vamos precisar de um exame de tomografia para complementar o diagnóstico.

Em menos de meia hora, José Paulo estava sendo submetido ao exame. O diagnóstico não era animador. Câncer. Uma massa ocupava grande parte do abdome e invadia o intestino e o fígado.

Enquanto as meninas passavam o tempo na brinquedoteca, exercitando a melhor de todas as virtudes – a inocência

– Renato e Cristina esperavam a chegada do amigo Fernando. Pensamentos variados ocupavam a cabeça dos dois.

– Vai dar tudo certo meu amor – disse Renato preocupado com a companheira. – Jesus está ao nosso lado. Ontem sonhei que desde antes do nosso casamento já estava programada essa dificuldade. Mas venceremos, tenhamos fé.

– Sim, meu querido – respondeu Cristina. – Mas, o que vai ser do nosso pequeno? E desatou em choro sofrido de mãe, que se vê impotente frente ao desconhecido.

A chegada de Fernando deu ânimo ao casal, mas as conclusões não foram animadoras. O caso era grave e precisava de intervenção imediata. Biopsia por laparoscopia, identificação do tipo histológico, início do tratamento, com cirurgia e quimioterapia.

Lembrando-se do grupo mediúnico, Renato ligou para o Sr. José, explicando a situação. – Não posso esperar mais um dia para a reunião, seria possível uma reunião de emergência? – indagou Renato.

– Claro que sim, meu filho – respondeu Sr. José. – Esteja no hospital hoje às 19h. A nossa maior riqueza é a amizade que nos une. Avisarei a todos, fique tranquilo.

Tomadas as providências necessárias, José Paulo foi internado na unidade infantil. Fernando era um anjo caído do céu. Cuidava de toda papelada e de todos os exames. Buscava médicos que precisavam auxiliar no caso e agia de forma incansável no consolo aos amigos.

Deixando as crianças com a sogra, e José Paulo com a mãe no hospital, Renato compareceu à reunião mediúnica emergencial, à procura de conforto e quem sabe, de um milagre.

Sr. José iniciou a reunião solicitando a Renato que não desse detalhes aos médiuns, visando não induzi-los a nenhuma conclusão precipitada. Comunicou a todos que o filho mais novo do companheiro de trabalho estava doente e precisava de assistência espiritual.

Abrindo os trabalhos com uma prece, passou a comandar o desdobramento consciente, colocando os médiuns em contato com a Espiritualidade.

Renato, nesse momento, refletiu acerca do que realmente era ser um assistido. Quanta angústia e dor?! Nos trabalhos mediúnicos sempre conseguia se desligar de tudo e entrar no tratamento. Naquele dia, mal podia fechar os olhos. Queria falar, gritar, pedir, suplicar aos médiuns que o ajudassem. Mas, sabia que isso atrapalharia a concentração e a harmonia, por isso se conteve. Percebeu a presença de Mariana ao seu lado e isso o confortou um pouco. Deixou-se levar pelas suaves emanações que saiam das suas mãos através do passe dispersivo longitudinal. As primeiras impressões mediúnicas começaram a ser manifestadas.

– Vejo a barriga do menino como se fosse um bloco de pedra – iniciou Dona Inês.

– Realmente a impressão é de que uma energia congelada está ali – disse João. – Não sei se o termo correto é esse mesmo, mas parece que a energia ficou parada ali e se condensou.

– É o reflexo de uma ligação com uma vida passada – explicou Reginaldo. – Em uma vivência muito distante, a criança se deixou levar pelo apego ao poder e ao dinheiro, utilizando-se das facilidades da época para matar. Com requintes de crueldade, enfiava ele mesmo ou mandava cravar a lança na barriga de seus inimigos.

Renato a tudo escutava perplexo. Como era difícil aplicar aos que amamos aquilo que achamos simples e coerente para os outros, pensava.

– Meus irmãos queridos – iniciou Sita através da mediunidade de Dona Inês, – que a paz do Cristo esteja com vocês. Renato, meu amigo amado, quando Deus nos empresta temporariamente um filho seu, uma alma que vem do invisível, dando-nos a honra da maternidade ou da paternidade, é porque Ele sabe que no meio em que vivemos, e com recursos variados ou parcos de que dispomos, teremos a responsabilidade de bem orientá-lo para a vida.

– O que você percebeu ontem não é fruto da sua imaginação. O José Paulo de hoje é um espírito em tratamento há décadas na Espiritualidade. Abusando do poder temporário lesou seu corpo espiritual a tal ponto que tornou impossível a vinda dele como seu irmão de sangue. Ao reencarnar como filho de sua mãe, verteu para a carne uma energia de qualidade muito ruim, incompatível com a vida, gerando o aborto espontâneo a que você se referiu com Dr. Lorenzo.

– Cristina e você têm ligações seculares com ele, e um sentimento puro de amor permitiu a ele reencarnar nessa família. Hoje é a hora da colheita inevitável. Confiemos em Cristo para que o melhor aconteça. Mas lembre-se, a felicidade de vocês não está nas coisas, nos lugares, nem nas pessoas, por mais que as amemos. A felicidade é um estado íntimo, que deflui do bem-estar que uma vida digna e sem sobressaltos proporciona.

Assustado, porém mais calmo, Renato foi se refazendo, podendo auxiliar no tratamento a distância dirigido à mulher e às filhas. Deveria confiar, pensava. Tudo está certo na hora certa. O que vale para os assistidos vale para mim. É hora de colocar em prática tudo que tenho aprendido.

Encerrada a reunião, todos se levantaram e passaram, um a um, a confortar o companheiro, tentando animá-lo. Após conversar mais demoradamente com Dr. José, Renato dirigiu-se ao hospital, velando com a esposa o filho amado, que passaria por uma grande provação.

Capítulo 19

Vertendo para a carne

A NOITE IA ALTA. O céu turvado por nuvens carregadas derramava lágrimas em forma de chuva. O vento úmido e frio trazia a sensação de tristeza que acompanha as noites longas e solitárias. Renato lutava para dormir. A companheira havia adormecido após a aplicação do Reiki. Ele estava de pé ao lado de José Paulo. Muitas emoções e pensamentos o visitavam naquele momento.

Ajoelhando-se ao lado da cama do filho querido, concentrou-se profundamente, buscando na fé e nos seus conhecimentos sobre o sutil a força que teimava em não vir.

Após algum tempo naquela situação, escutou a voz de Sita: – Deite e durma, estamos com você. Imediatamente, deitou-se no colchão instalado no chão do quarto do hospital, e para sua surpresa adormeceu rapidamente, envolvido pelos eflúvios magnéticos do Mentor Oriental.

Acostumando-se com o Ambiente Espiritual, percebeu dentro do quarto, cuidando da esposa e dos filhos, a presença de médicos e enfermeiros do Astral. Para sua grande surpresa, notou que as duas filhas estavam ali desdobradas.

– Oi, meninas. Que prazer vê-las – iniciou Renato.

– Pai! – gritaram as duas ao mesmo tempo enquanto corriam para abraçá-lo.

– Vocês estão diferentes, parecem mais velhas.

– É porque hoje vamos nos encontrar com nosso querido Eurípedes Barsanulfo – respondeu Patrícia, a mais velha.

– E desde quando vocês conhecem Eurípedes Barsanulfo? – perguntou Renato entre espantado e admirado.

– Desde sempre papai – respondeu Isadora. – Esquece o senhor que o espírito é eterno? Ele vem nos auxiliando há muitos séculos, e hoje vamos todos receber dele a orientação amorosa referente a José Paulo.

– Certo, mas como vocês estão sabendo disso?

– Nas últimas duas semanas, Isadora e eu fomos levadas durante o desdobramento do sono para a Colônia Esperança e ali recebemos orientações sobre o que está acontecendo. Quando voltamos para o corpo não nos lembramos dos detalhes, mas sentimos no nosso coração a força da proteção espiritual e podemos auxiliar melhor, não nos desesperando e cuidando do maninho com mais carinho.

Aquilo foi demais para Renato. As portas do choro represado se abriram e grossas lágrimas desceram pela sua face. Sentindo o abraço amoroso das crianças se deixou acalmar, agradecido à vida que cuidava de tudo nos mínimos detalhes. Enquanto recuperava a serenidade habitual, percebeu a esposa sendo trazida e a cara de espanto de encontrar ali as meninas. Riram da situação e se aproximaram todos de José Paulo, envolvendo-o em fluidos calmantes, sob a orientação precisa de Sita.

A caravana partiu em direção à Colônia Esperança. Fora do corpo, José Paulo dormia tranquilo, como se a vitalidade voltasse a habitar seu frágil corpo. Foram rapidamente encaminhados para a sala de Eurípedes, dentro da Colônia.

Recebidos com o abraço afetuoso, perceberam a presença de vários trabalhadores que ali estavam prestando a solidariedade que o momento exigia e que tanto enternecia aos pais de José Paulo. As meninas sentaram-se ao lado do Mentor, leves e tranquilas.

Após breve prece, Eurípedes tomou a palavra.

– Amados do meu coração, a gratidão permitiu estarmos aqui todos reunidos para analisarmos o caso de José Paulo.

Citado nominalmente, José Paulo acordou, sem entender muito bem o que estava acontecendo. Permaneceu ali, agarrado à mãe, em estado de torpor.

– De tempos em tempos – continuou Eurípedes – somos impelidos a retornar ao Planeta Terra, visando colocar em prática as lições aprendidas na Erraticidade (plano espiritual) e que foram exaustivamente discutidas com nossos Mentores.

– Nem sempre foi assim. No começo de nossa evolução, passávamos pelo Plano Espiritual, muitas vezes sem compreender que tínhamos desencarnado, que o corpo físico tinha ficado para trás. Em muitas dessas oportunidades, continuávamos as brigas e guerras começadas no plano terreno e seguíamos até sermos conduzidos à nova oportunidade, visando esquecer o passado, desfazer laços de ódio e morte.

– Em algumas de nossas experiências na carne aproveitávamos alguma coisa a mais, guiados por seres de luz que, ao reencarnar, cumpriam elevada missão na Terra. Mas, sem a presença amorosa deles ao nosso lado, caíamos novamente, fazendo a nossa ascensão em espiral, subindo e descendo, progredindo e retornando até sedimentar bem os ensinamentos a ponto de fazer o que achamos certo hoje, de forma natural.

– Os Avatares se sucederam, com suas doutrinas e exemplos variados, e sempre vai ser assim em todas as moradas do Pai. Sempre estaremos acompanhados de Mentores amorosos que nos guiam e nos esperam, em paciência sem fim, aliada à compaixão sem limites. Preferimos escolher outras companhias, que vibram ainda arraigadas ao sexo, ao dinheiro, ao poder e principalmente ao egoísmo, e por isso as companhias espirituais da Terra são ainda em sua maioria de espíritos atrasados.

– Professor Eurípedes, você acha que estamos indo bem dessa vez? – indagou a pequena Isadora.

Fingindo não notar o olhar de desaprovação de Renato, Eurípedes respondeu jovial: – Claro, meu amor. Essa encarnação será um divisor de águas. Vocês vencerão pelo amor, tenho certeza. E dizendo isso depositou um beijo carinhoso na mão da pequena.

Aprumando na cadeira com orgulho, Isadora sorria feliz enquanto o Apóstolo Mineiro continuava. – À medida que ganhamos discernimento, a responsabilidade no processo de renascer aumenta, e mais valor damos a esse momento mágico que constitui nossa volta ao plano de provas e expiações libertadoras.

– Imaginem que vocês pudessem ter a chance de viajar para um país estrangeiro, distante, onde ninguém soubesse quem você são, o que fizeram, podendo recomeçar do zero. O que vocês prometeriam? O que mudariam? Se tivessem Orientadores Amorosos, que conselhos eles lhe dariam? Pois, foi exatamente isso que aconteceu antes de reencarnarem. Habitando o Plano Espiritual, foram acolhidos aqui na Colônia Esperança. Pessoas há que podem visitar Colônias mais bonitas e luminosas, com grandes Universidades. Passam anos estudando e trabalhando tentando interiorizar os ensinamentos superiores, e, envolvidos naquele ambiente de paz e amor fraternal, podem alçar voos mais altos.

– Outros são levados a Colônias mais perto da Terra, às vezes, postos de socorro em zonas umbralinas, mas também construídas em um ambiente de trabalho e amor, podendo ali refazer suas energias e aprender a trabalhar em prol do outro, a favor de sua recuperação, pois na maioria das vezes, ao desencarnar, levamos a consciência culpada pelas promessas não compridas e pelo tempo perdido em banalidades sem fim.

– Independente do local aonde fomos acolhidos, e do tempo que ficamos na Erraticidade, chega um dia em que aqueles que se ligam a nós por laços de amor secular e, às vezes, milenar, se reúnem conosco no momento crucial de definir as metas e soluções para que nossa vida atual possa ser a mais proveitosa possível do ponto de vista espiritual.

– Agrupados em salas apropriadas nessas Colônias, relembramos cenas do passado recente ou distante, pormenorizando nossas falhas e acertos, sendo assistidos por médicos e técnicos do Astral que se especializaram em preparar reencarnações. Muitas vezes ligados em excesso à culpa que nos assolava o coração e a consciência, atrapalhávamos o processo de renascimento, querendo carregar mais do que poderíamos, ou em outro extremo, pretendendo fugir das responsabilidades, como crianças que solicitam ao professor o adiamento da prova.

À medida que escutavam o Mentor, todos os membros da família recuperavam lembranças escondidas na memória espiritual. Flashes de cenas do preparo para a reencarnação passavam na tela mental.

Eurípedes continuou sereno: – Mas os Mestres Amorosos, imbuídos da sabedoria necessária para bem mais nos orientar, traçam os caminhos gerais de nossa vida terrena, deixando que nosso livre-arbítrio seja nosso guia dentro de determinados limites que devem nos proteger.

– São definidos os pais, em encontro na Espiritualidade que visa dirimir eventuais antipatias e iniciar um vínculo energético que sustentará a gestação. Renato teve a oportunidade de rever isso essa semana, não é mesmo querido?

Acenando positivamente Renato preferiu não interromper a fala do Orientador. Eurípedes recomeçou: – Momentos de medo, tensão, angústia, naturais antes de qualquer viagem, aconteceram com todos nós. Tivemos medo de errar, de não estar à altura da expectativa criada nas reuniões com os Mentores. O temor maior era esquecer completamente nossas missões individuais, pois uma vez encarnados, não estaríamos mais envoltos naquele ambiente de amor e trabalho dedicado ao Cristo que tanto facilita nossa vida no Plano Espiritual.

– Uma vez iniciado o processo de miniaturização, para acoplamento do nosso corpo perispiritual com o zigoto em formação, mergulhamos no esquecimento abençoado, embalados no sono da esperança.

– Se temos a oportunidade de acreditar na reencarnação, mesmo não nos lembrando de forma clara de nossa missão e compromissos assumidos na Espiritualidade, devemos fazer o máximo para que o Cristo viva em nossos atos diários, caminhando rumo ao Pai maior.

– Eu os trouxe aqui hoje para que entendam melhor o processo e se preparem espiritualmente para enfrentar esse momento. Nos momentos importantes devemos exemplificar nossos conhecimentos adquiridos a duras penas através das reencarnações sucessivas. Não menosprezem a evolução de vocês, permanecendo arraigados a sentimentos atávicos e milenares. Deixem o homem novo falar mais alto.

– Está aqui entre nós a médica oncologista, Dr.ª Rosa. Ela é a responsável espiritual pela ala pediátrica do maior hospital de câncer do nosso país. Desencarnada há 3 lustros, permanece por vontade própria na atividade diária do hospital, inspirando e contribuindo com seus conhecimentos. Poderia já alçar voos mais altos, mas o amor pelas crianças fala mais alto em seu coração. Seja bem-vinda Rosa.

De forma simples e sem pompas, Dr.ª Rosa se levantou e se aproximou da família. Após os cumprimentos iniciais falou em tom afetuoso e sério: – Em nossos atendimentos na pediatria do Hospital do Câncer temos acompanhado de perto o sofrimento, muitas vezes, desesperador dos pais cujos filhos são portadores de doenças graves. Realmente, algumas doenças são de difícil aceitação pelos pais. Muitos deles não se importariam em sofrer várias vezes mais o que os filhos sofrem, mas se fecham de forma dolorosa para a vida ao observar diariamente o avançar da doença.

– É bastante comum que os pais se percam em indagações do tipo: "O que eu fiz? Será que na gestação prejudiquei meu filho? Foi algum remédio que tomei? Foi por que no início nós rejeitamos a gravidez? É algum castigo para nossa família?".

Cristina iniciou choro discreto, mas dolorido. Alguns pensamentos semelhantes insistiam em assombrá-la. Abraçada por Renato, pediu desculpas a todos se colocando em posição de escutar a médica novamente.

– Não há do que se desculpar, minha querida – retomou Dr.ª Rosa – essas indagações são normais. O problema não é somente se perder nessas dúvidas, mas se deixar levar pela tristeza e pela melancolia, vivendo quase como zumbi, sem conseguir se emocionar com mais nada. E quando a evolução da doença leva à desencarnação da criança, depressão profunda, longa e de difícil resolução pode acompanhar os pais, em especial a mãe.

– Hoje, com a visão espiritual das coisas, temos a oportunidade de observar que a causa das doenças graves nas crianças tem raízes profundas no psiquismo, nas vivências passadas que exigem reparação, disciplina, ensinamento e mudança de vida.

O mais interessante é perceber que quando a Espiritualidade permite a regressão de vivências passadas até o ponto que chamamos de acordo pré-encarnatório, os pais, sem exceção, se comprometeram a cuidar e a enfrentar o problema, baseados na vontade de acertar e reparar erros pretéritos.

– No instante de nosso renascimento, imbuídos da melhor intenção e vontade verdadeira de modificar nosso passado através do amor, enxergamos nas dificuldades programadas em nossas vidas imensas oportunidades de mostrarmos ao Pai Maior o quanto o amamos e o quanto já evoluímos. Aceitamos nossos antigos conhecidos como filhos e prometemos auxiliá-los nessa nova roupagem, prometendo que tudo faremos para que a fé e o amor nunca lhes faltem. Juramos que vamos entender que eles não são frágeis e inocentes seres desprotegidos, mas espíritos eternos que vêm resgatar pelo amor e pela dor débitos do passado, porém com a diferença de que nós estaremos lá para ajudá-los.

– O papel dos pais nessa situação logicamente não é fácil. Mas, é necessário entender que somos, antes de tudo, cuidadores dos filhos. Eles não são nossos, não são nossa propriedade e não é nossa responsabilidade tudo o que acontece com eles. Eles têm vida própria e assim devem viver, porém contando sempre com nossa experiência e amor, que na maioria das vezes é incondicional. É preciso ter a certeza absoluta e irrestrita que Deus a tudo governa e dirige, pelo amor. Não há acasos. A doença, na maioria das vezes, é uma decisão amadurecida e pensada do lado de cá, antes da reencarnação, uma escolha consciente e de mão dupla, que dá aos pais e aos filhos a oportunidade de libertação dos traumas e vivências transatas.

Cristina prestava muito atenção à Dr.ª Rosa. Ela era mulher, pensava, e sabia entender mais seu coração. Mas os ensinamentos da médica não deixavam margem a dúvidas. Por mais que amasse José Paulo, aquele era um compromisso dele e cabia a ela amá-lo e estar à disposição com sua experiência, amor de mãe e conhecimento sobre o espiritual.

Percebendo os pensamentos da mãe sofrida, Dr.ª Rosa segurou em sua mão com carinho, e continuou sua fala: – Não podemos mais desperdiçar as oportunidades que a vida nos traz de demonstrar nossa capacidade de resignação ativa, lutando pela vida, mas tranquilos e com fé. E dizendo isso sentou-se novamente entre os trabalhadores espirituais.

O nobre Eurípedes retomou a palavra: – Não há vítima no Universo. Temos atavicamente a necessidade de nos sentirmos desamparados, fragilizados, mas a verdade é que sempre passamos por situações escolhidas por nós, pois nasceram nos nossos próprios atos passados, frutos da nossa imaturidade.

– Não há punição, Deus é amor, como nos diz João Evangelista. Ao reencarnar, José Paulo teve a chance de verter para a carne a energia que já não se coaduna com sua evolução espiritual. Essa energia densa determinou a tendência genética para o desenvolvimento do câncer e agora é o substrato para o seu crescimento.

– Ela gera o caos interno, promovendo o crescimento desordenado de células que deixam de respeitar o comando homeostático corporal, se espalhando e invadindo tecidos.

– O corpo físico requer o tratamento físico. Quimioterapia? Cirurgia? Radioterapia? Terapia gênica? Transplante de medula? Isso é uma questão médica. O médico encarnado de confiança resolverá. Sigam as orientações dele nesse sentido. Mas, complementem o tratamento com as terapias energéticas e espirituais. Nosso objetivo é a cura do espírito. Se a cura física vier, graças a Deus por isso.

– Usem o Reiki, o passe, a água fluidificada. Orem! Não há instrumento melhor que a oração. E conversem bastante entre vocês. Conversem com José Paulo e com as meninas, de forma clara. Mostrem a eles a visão espiritual do problema. Não os deixem ignorantes com a desculpa de que eles não entenderiam. Todos saem mais fortes desse processo.

Levantando-se, caminhou em direção a José Paulo, afagando sua cabeça com carinho. Dando mostras de que a reunião se encaminhava para o fim, Eurípedes olhou profundamente nos olhos de todos os encarnados presentes e disse:

– Estamos com vocês. Não há sentido em sermos amigos se não pudermos contar uns com os outros. Acreditem nisso. Vocês nunca estarão desamparados, nenhum de vocês.

Abraçando a todos com sua energia de paz, se despediu.

A volta ao corpo físico foi lenta. Da Colônia Esperança, Renato e família viam a Terra em todo o seu esplendor. Pensamentos de otimismo e confiança sustentavam a todos. Entendiam claramente a gravidade da situação, mas a visão espiritual deveria prevalecer.

Patrícia e Isadora mostravam familiaridade com a Colônia, encantando os seus pais. Um ciclo diferente se abria para essa família. Era preciso lutar.

Capítulo 20

O Jardim Terapêutico

As atividades do Hospital Espírita eram intensas. Pacientes apresentando os mais variados problemas psiquiátricos eram atendidos e internados ali. Além disso, uma equipe médica especializada em dependência química atendia a um número crescente de pessoas que se abandonavam no álcool, cigarro e nas drogas ilícitas cada vez mais baratas e perigosas.

Encontrando-se na recepção do hospital, os integrantes do Grupo Fraterno conversavam sobre vários assuntos. Renato ali estava também, havia combinado com a esposa que tentaria dentro do possível continuar assíduo às reuniões mediúnicas. Pensando ensimesmado, não se lembrava de uma fase tão dura e difícil em sua vida.

O tratamento de José Paulo seguia a programação do Hospital de Câncer. Ele havia sido internado por 3 semanas seguidas, recebendo quimioterapia. Naquele momento, preparava-se para retornar ao lar, mantendo uma quimioterapia mais leve, por via oral, e iniciando a radioterapia ambulatorial, que seria conduzida no próprio hospital. Os amigos do grupo revezavam-se quanto às visitas ao garoto, na aplicação dos passes magnéticos, na fluidificação da água e nas orações.

Cristina aguardava aqueles momentos ansiosamente, pois se constituíam em um oásis em meio ao martírio pelo qual passava com o filho.

Mariana, animada, se dirigiu a todos: – Amigos, essa noite sonhei com todos nós reunidos no Lar da Criança e recebendo a visita de uma Senhora que irradiava uma luz violeta maravilhosa.

– Lembro-me de algo assim – disse Reginaldo.

Sim, penso que vivenciamos um desdobramento coletivo no nosso período de sono – complementou Dona Inês – e fomos agraciados com um chamamento. Recordo-me perfeitamente de que recebemos e aceitamos um convite, mas me foge o teor do mesmo.

Nesse instante, a recepcionista do hospital os convidou a entrar: – Podem se dirigir à sala mediúnica, o acesso já está liberado a todos.

Sentados em cadeiras brancas de plástico, dispostas em círculo, todos começaram a asserenar a mente esperando o comando seguro do Sr. José, que não tardou.

Meus irmãos, vamos elevar nosso pensamento ao Alto, repetindo a oração que Jesus nos ensinou, nos conectando às energias superiores da vida e iniciando nosso desdobramento consciente. E repetindo a oração *Pai Nosso*, todo o grupo passou a entrar em sintonia energética diferente, percebendo a presença amorosa dos Mentores, mas de forma especial notaram Ramatís, o Mestre Oriental. Desdobrados no Plano Espiritual, foram acolhidos. A presença de Ramatís anunciava sempre algo positivo para o grupo.

– Amados do meu coração – disse o mestre – nosso trabalho é um complexo serviço multidimensional que exige disciplina, boa vontade, amor e trabalho. A conexão entre os planos de vida é fundamental. Ela funciona como o arco-íris, não se sabe onde começa nem onde termina, ou onde se passa de uma cor para outra. Por mais que a Espiritualidade Maior trabalhe e possa construir e acolher, ela necessita de encarnados equilibrados para cuidar com amor e respeito, pois essa tarefa é muito maior do que vocês podem supor. A famosa frase de Jesus *Paz na Terra aos homens de boa vontade* encontra pleno sentido nessa ligação de amor que mantém a saúde do corpo e da alma.

– Há alguns meses iniciamos nosso treinamento semanal em desdobramento consciente, visando ao aprendizado necessário para a assistência amorosa no "Lar da Criança Menino Jesus", objetivando o acolher de crianças que precisam de Pais e Mães de amor, auxiliando no processo de uma reencarnação mais feliz.

Espraiando um sorriso amável pela sala, analisou a expressão de todos. Vestia-se a caráter, com turbante branco onde brilhava uma esmeralda encrustada em fios dourados. Calça e camisa branca e uma sandália de couro marrom. A jovialidade de Ramatís chocava aos mais desavisados, que esperavam encontrar um velho mestre oriental. Seus cabelos lisos e negros estavam presos sob o turbante. O rosto imberbe marcava a face juvenil. Mas os olhos intensos de cor caramelo denotavam uma força e uma maturidade que não deixava margem a dúvidas. Ali estava um espírito de escol, conhecido pela sua tenacidade em fazer a vontade do Pai, pelo seu conhecimento e pelo ecumenismo que defendia.

– Vocês têm se mostrado dignos – retomou Ramatís. – O trabalho tem caminhado bem, e por isso resolvemos progredir nas atividades. Olhando fundo nos olhos de Renato disse: – Apesar das dificuldades, a assiduidade aos trabalhos traz a proteção que cada um precisa para seguir adiante com galhardia. Preparem-se para gratas surpresas hoje no Lar da Criança, vocês são merecedores disso.

Solicitando a Sita e Marcos que conduzissem os trabalhadores em desdobramento ao Lar da Criança, se despediu de todos. Animados pelas palavras do Orientador Querido, eles avançaram rumo à Colônia Esperança.

Adentrando o nosocômio espiritual foram levados ao segundo andar, e reunidos em um salão oval enorme coberto por um teto branco flutuante e brilhante. Música suave enchia o ambiente, acalmando as mentes e os corações. Acostumando a visão espiritual ao brilho da sala, os trabalhadores encarnados assistiam à entrada de um grupo de mulheres trajadas de branco alvíssimo, em uma túnica plissada que ia até os pés.

A mais velha entre as mulheres irradiava uma luz violeta que hipnotizava o grupo.

Adiantando-se aos questionamentos, Marcos introduziu as visitantes: – Essa, meus amigos, é Vera, amada instrutora espiritual que estará com vocês por breves instantes. As nobres senhoras que a acompanham são trabalhadoras de uma Colônia irmã, sob sua proteção amorosa.

Tomando a palavra com simplicidade e de forma objetiva, Vera se dirigiu a todos: – Filhos amados, o contato direto com as pessoas, o acolher amoroso, o abraço fraterno quando o chacra cardíaco está equilibrado pode promover milagrosas mudanças. Temos de exercitar o sentimento sublimado positivo que nos permite cuidar sem carregar, amar sem adoecer, e que visa curar e libertar completamente o ser assistido, seja ele um parente próximo ou um desconhecido.

– Existem diversos graus do olhar, podemos olhar sem ver, podemos olhar com crítica, com julgamento, temos o olhar de cumplicidade, o olhar vazio e assim por diante. Os olhos expressam o que vai dentro de nossa alma. Por meio do olhar podemos dar apoio espiritual, exercitando o olhar amoroso que chama à responsabilidade reforçando o positivo, aceitando as limitações e impondo limites benéficos para qualquer relação.

– Procurem sentar-se confortavelmente em círculo. Vamos manter a coluna ereta, objetivando doar de coração aberto, sem desequilíbrio.

Nesse momento, após todos terem se sentado no chão em posição de lótus, espíritos de bebês abortados e de natimortos eram trazidos e colocados no colo de cada um dos trabalhadores. Apesar da deformidade aparente, não havia repulsa por parte dos encarnados. Crianças com as mais diferentes feições eram apresentadas, corpos mutilados, cortes profundos, dores, inchaços, fácies animalesca e muitas outras alterações.

– Vocês já aprenderam – disse a Mentora, enquanto segurava ela mesma uma criança no colo – a raciocinar espiritualmente. Não é difícil a vocês entenderem que atrás da aparente fragilidade e desamparo existe uma causa para que esses espíritos eternos, que hoje se apresentam como crianças fragilizadas, estejam aqui manifestando temporariamente essa aparência.

– Acariciem as crianças, deixem que elas se sintam amadas. Procurem fazer um movimento na coluna vertebral delas, no sentido sacrocraniano. Exercitem o olhar profundamente misericordioso. E dizendo isso, embalou a criança deitada em seus braços, cantando baixinho e mantendo os olhos fixos naquele ser aparentemente desamparado, que se deixava embalar pelo movimento leve da anciã.

Todo o grupo atendeu ao apelo da Mentora, e ao exercício de olhar nos olhos daqueles pequeninos, acatando o conselho recebido, o perispírito deles se refazia, retornando à forma normal, sem cortes, sem faltar nenhuma parte. Espanto e alegria se misturavam entre os trabalhadores. A energia daquela mulher, associada à magia do momento, os fazia sentir de forma muito especial o poder do amor.

Vera veio em auxílio de todos: – Nosso querido Codificador Allan Kardec já nos dizia que no perispírito está a chave de inúmeras questões não respondidas pela ciência humana. Veículo plástico de manifestação sutil, molda-se conforme as crenças e a vontade da mente, que exerce sobre ele domínio total, modificando a sua forma.

– A doença que vemos nesses corpos é ilusória, só existe na mente enfermiça desses irmãos. À medida que conseguimos atuar de forma positiva sobre a mente deles, o autoinfluxo energético de culpa, remorso, tristeza e mágoa é interrompido, o que propicia ao perispírito retornar à forma habitual, espelhando a pureza da centelha divina primordial. Esse é o poder do amor que cobre a multidão dos pecados.

O grupo de encarnados permaneceu ali ainda por alguns instantes. Após notarem que as crianças retomavam a forma anatômica normal, que a respiração se normalizava e a cor da pele assumia características mais saudáveis, eles devolviam os pequenos aos enfermeiros astrais. Outro grupo de bebês foi trazido e o processo se repetiu assim por três vezes.

Ao final, extremamente emocionados, todos se levantaram, abraçaram o grupo de mulheres e, meneando a cabeça para aquela mulher forte e amorosa, prestaram singela reverência à irmã Vera.

– Irmãos amados – retomou Vera – venho trazer um convite para que todos deem um passo a mais, assumindo a postura do trabalho que vocês participam, não mais como visitas bem-intencionadas, porém atuando no Lar da Criança como trabalhadores, oficialmente convidados pela administração da Colônia.

Sorrisos, choro e abraços foram trocados por todos. Nenhum deles se lembrava de ter experimentado emoção tão forte. Renato exultava. Pensava na esposa e nos filhos. "Apesar das dificuldades extremas, teria ele o direito de esmorecer?". Nesse momento, percebeu ao seu lado a Mentora Vera, e num gesto rápido ajoelhou-se aos pés da seareira do Cristo e beijou-lhe as mãos com gratidão, sem palavras para expressar seus sentimentos.

A irmã desconcertada solicitou que ele se levantasse, e segurando sua mão com carinho, convidou-o e todo o grupo a acompanhá-la dizendo: – Hoje pela primeira vez vocês terão acesso a um local muito especial, trata-se de um jardim onde celebraremos a entrada de vocês para o quadro oficial de trabalhadores da Colônia.

A lua brilhava forte no céu estrelado, trazendo proteção especial. Vários Mestres de diversas etnias e crenças, representando o trabalho espiritual nas inúmeras partes do mundo terrestre, estavam ali presentes. Conforme eles passavam, os Mestres os saudavam, agradecendo.

João se lembrou com respeito da Mentora no Templo de Cristal. Como era bonito esse hábito dos trabalhadores de agradecerem por ajudar.

Na entrada havia uma placa onde se lia "Jardim Terapêutico". Ali estavam Sita, Edith, Carolina e vários outros trabalhadores já conhecidos do grupo. Marcos, exultante, estava ao lado de um Senhor que foi apresentado a todo – era Antônio, o responsável pelo jardim.

Tomando a palavra, Antônio olhou de forma enigmática para Marcos e disse: – Eu não lhe disse? E dirigindo o olhar aos convidados continuou: – Sejam bem-vindos ao nosso Jardim. Estar aqui é mérito. É conquista. Aproveitem esse presente.

Na entrada, desenhada no chão, via-se uma Mandala de flores desejando boas-vindas aos que ali ingressavam. O lugar era enorme, muito limpo e bem cuidado. Todos se comportavam ali com muito respeito, havia sacralidade contagiante no ar. À medida que adentravam o jardim, observavam uma fonte, de onde jorrava água cristalina, adornada vivamente por pássaros de cores variadas.

Ao longo dos corredores, havia flores divididas por cores que se abriam conforme as pessoas passavam dispensando a energia na quantidade correta, ensinando que o melhor terapeuta é aquele que dá o que o assistido precisa na hora mais adequada.

No centro do jardim, Marcos reencontrou uma árvore imensa, de tronco e caules grossos e escuros, com flores que formavam um teto violeta. Cadeiras arrumadas sob a glicínia compunham um belo e natural auditório.

A música hipnoticamente suave do vento passando pelas plantas acalmava e harmonizava. Tomando a palavra, Antônio se dirigiu de forma especial aos trabalhadores encarnados: – Sejam todos muito bem-vindos. Estamos reunidos aqui hoje para homenagear nossos irmãos que desempenham importante tarefa mediúnica na Terra.

Uma mesa ornada com flores ocupava a frente do auditório natural. No centro, estava sentado Eurípedes Barsanulfo, acompanhado de Ramatís e de Vera. Todos os integrantes do Grupo Fraterno foram convocados nominalmente e convidados a se aproximar da mesa para receber um certificado simbólico que os iniciava como trabalhadores da Colônia.

Extremamente emocionados, escutaram atentamente a palavra de Eurípedes:

– O evangelho de Jesus narrado pelo médico apóstolo nos diz sobre a felicidade de reencontrar a ovelha perdida. Hoje, abrimos as portas para o trabalho na nossa Colônia para os amigos que estavam perdidos e Jesus os reencontrou, infundiu neles o ânimo, o amor, o compromisso com o próximo, na forma de sementes que precisam ser regadas pelo agricultor divino.

– Eu vos digo, irmãos, que a alegria de recebê-los é imensa, e lhes agradecemos enormemente por nos permitir fazer parte da equipe que dará suporte a Jesus para que essas sementes floresçam e deem frutos e flores.

Após exortar os companheiros sobre a importância e a seriedade do compromisso assumido com a Colônia, os convidou a escutarem o coral formado por crianças assistidas no "Lar da Criança Menino Jesus".

Trinta pequenos, vestidos de branco, colocaram-se à frente da mesa ocupada pelos Mentores, e como acanhados rouxinóis cantaram em homenagem aos novos seareiros, encerrando a reunião.

> Ave Maria, gratia plena, Dominus tecum,
> Benedicta tu in mulieribus,
> Et benedictus fructus ventris tui, Jesus
> Sancta Maria, Mater Dei,
> Ora pro nobis peccatoribus,
> Nunc et in hora mortis nostrae. Amen.

Um jato de luz azul caia do Alto, orvalho divino regando o coração de todos, mais e menos experientes, mas sem exceção, necessitados dessa comunhão com o divino. A pureza angelical das crianças elevava os corações. As flores violetas da glicínia se iluminavam criando pequenas luminárias jorrando luz sobre todos. As plantas balançavam no ritmo da música; a água da fonte e dos pequenos veios d´agua que rodeavam o jardim mostravam tonalidade azulada. O local adquiria vida, se transformando em um jardim terapêutico.

Capítulo 21

Preparando famílias

Os dias passavam céleres. O Hospital Espírita enfrentava com galhardia os problemas financeiros e continuava na sua missão de materializar a medicina vibracional na assistência aos doentes mentais e drogaditos.

Todos os trabalhadores encarnados da casa foram convidados a assistir a uma palestra da Dr.ª Teresa Menezes, renomada psiquiatra mineira. Como os voluntários também receberam o convite, o Grupo Fraterno se encontrava ali em peso.

Dr. Luiz iniciou a reunião convidando a todos a realizar em conjunto uma prece de abertura dos trabalhos. Após singela oração, apresentou a médica convidada que assumiu o púlpito sem demora, iniciando sua fala.

– Boa noite, meus amigos, quero agradecer imensamente ao Luiz pelo convite. Estamos há duas décadas divulgando em todas as oportunidades possíveis nossa visão que alia a Espiritualidade à Ciência, numa mistura impossível de ser separada, apesar de muitos acharem que é plausível exercer uma medicina cartesiana, dividida, fracionada em pacotes.

– Na nossa visão, não conseguimos raciocinar nem entender as deficiências mentais ou transtornos sem incluir o raciocínio espírita. Nesse abençoado Hospital Psiquiátrico Espírita vemos dois grupos distintos de pacientes, os portadores de transtornos mentais e os drogaditos. Olhando de forma simples e materialista parece não haver ligação entre os dois grupos, mas quando o nosso raciocínio se amplia e incluímos a reencarnação, passamos a perceber que os drogaditos de hoje podem ser os futuros doentes mentais de amanhã.

– É evidente que o nosso corpo físico obedece ao comando dos nossos DNAs, mas nos parece que o corpo espiritual imprime no nosso código genético as nossas necessidades evolutivas, ou seja, a energia que emana do nosso corpo astral, ou perispírito, aciona ou inibe determinados genes, de acordo com nossa programação de encarnação. É por isso que vemos pessoas que carregam genes para determinadas doenças nunca manifestarem as mesmas. É também devido a isso que gêmeos idênticos apresentam tantas diferenças de comportamento, assim como de doenças desenvolvidas ao longo da caminhada.

– Não nos enganemos, tudo obedece a uma ordem maior, a uma lei de amor que faz com que cada um colha de acordo com a sua necessidade de evoluir, tendo por base seus atos pretéritos. Não há castigo nem privilégios, mas sim necessidades. Sabemos bem que as drogas ilícitas podem causar lesão cerebral importante. Nessa relação há variáveis que devemos observar e outras que nem conhecemos ainda. Deixe-me enumerar algumas para vocês.

Na plateia, Dona Inês observava o trabalho espiritual. Conversando em voz baixa com Mariana, explicava à companheira de trabalho que ali estavam presentes a diretoria espiritual da casa, acompanhada dos Mentores da Dr.ª Teresa, que exercia importante papel na divulgação da visão espiritualista da medicina.

– São espíritos de luz – disse Dona Inês – emanam uma energia de cura esverdeada e se dedicam em tempo integral ao trabalho de combate às drogas. Nesse momento, a Mentora da médica está completamente conectada a ela. Ouçamo-la.

– A primeira variável diz respeito à lesão no corpo astral – continuou a psiquiatra. – Se a matriz energética, o modelo que organiza nossa estrutura física chamado perispírito, já possuir danos relacionados ao vício, provenientes de vidas passadas, com certeza o ato de se entregar ao vício novamente nessa encarnação produzirá as lesões muito mais rapidamente. Essas lesões no corpo astral provocam em nós as chamadas tendências a determinadas doenças. De acordo com nossos atos no presente, desencadeamos mecanismos energéticos de cura, ou de vazão para a doença, pois em muitos casos a enfermidade é uma drenagem da energia pesada do corpo astral para o físico.

– A segunda variável é a intensidade da exposição. Aliada ao fator citado acima, quanto maior o tempo de exposição à substância, mais facilmente se desenvolverá a doença.

– Em terceiro lugar temos a energia do pensamento. Toda droga é nociva! O drogadito pode conseguir manter um bom padrão mental de pensamentos, com orações e principalmente ações de ajuda ao próximo, de certa forma amenizando esse efeito maléfico. Evidentemente, que deixa escapar oportunidade ímpar de melhorar sua energia vital, pois médiuns videntes observam que a energia do duplo etérico de fumantes possui a coloração acinzentada e apresenta aspecto viscoso. Agora, se a pessoa utiliza drogas e mantém a casa mental desequilibrada, a sua própria energia contribui para a aceleração do processo de dano do corpo físico, além de se tornar vítima de obsessores mais facilmente.

– O quarto fator seria a prevenção. Toda medicina holística deve ser baseada na prevenção. Possuidores de corpos de carne, somos sujeitos à hereditariedade, apesar do controle exercido pelo perispírito. Dessa forma, é sempre bom evitarmos fatores desencadeantes de doenças comuns na nossa família, como por exemplo, ficar obeso e ter hipertensão e diabetes. Se na minha família há vários casos dessas doenças, como não olhar para isso?

– De forma semelhante, a prevenção psíquica funciona quando mantemos bons hábitos de vida, com a tentativa lúcida e serena de autorreforma. Com isso, alijaremos do nosso perispírito energias densas acumuladas no decorrer das vivências passadas, evitando adoecer pela prática do amor, da caridade e pela aquisição de conhecimento.

– É comum vermos drogaditos se gabando de terem saúde perfeita. Muitos se consideram somente usuários e não viciados. É uma opinião pessoal de fuga da realidade. Antes de contar vantagem em fumar, beber ou usar drogas e não ter desenvolvido nenhuma doença, é bom pensar que essas energias doentes estão sendo armazenadas no corpo astral, comprometendo a saúde na dimensão verdadeira, real de vida. A manifestação dessa energia em forma de doença depende de todos esses fatores expostos.

A exposição continuou por mais alguns minutos, versando sobre aspectos mais técnicos ligados ao tratamento medicamentoso atual da drogadição. Encerrando sua fala, Dr.ª Teresa acompanhou o colega Luiz na prece de encerramento e se viu cercada de trabalhadores da casa querendo saber algo mais sobre a visão espiritual da drogadição.

Enquanto a médica mineira conversava com os participantes, Dr. Luiz se aproximou do Sr. José entabulando uma conversação.

– Boa noite, Sr. José, que bom vê-los por aqui.

– Boa noite, Dr. Luiz. A palavra amiga de Jesus nos fala que conheceremos a verdade e ela nos libertará. Onde está a verdade senão na junção dessa imensa colcha de retalhos de informações que recebemos da Ciência, da Espiritualidade e da vida cotidiana?

– É meu caro, tenho de concordar com isso. O que acha de apresentarmos o trabalho de desdobramento consciente para a Dr.ª Teresa?

– A reunião mediúnica é sagrada em todos os aspectos. Não posso autorizar isso sem consultar os Mentores. Nosso grupo já se encaminha para a sala mediúnica e solicitarei à Mariana que lhe avise assim que pudermos.

E dizendo isso, encaminhou-se ao local de reunião enquanto Dr. Luiz voltava para perto da médica que continuava a responder às questões trazidas pela plateia.

Dentro da sala, o Grupo Fraterno iniciava seus trabalhos. A mesma rotina semanal. A concentração, a oração, o pedido de proteção e de autorização para abrir os trabalhos e o intercâmbio mediúnico.

Dona Inês, imediatamente se ligou aos Mentores presentes na sala.

– Temos aqui – iniciou a médium – os Mentores relacionados à tarefa espiritual da Dr.ª Teresa. Eles se encontram ao lado dos nossos queridos Marcos e Sita. Aproveitando a oportunidade, Marcos iniciou a conversação através da mediunidade de Dona Inês.

– Caros irmãos em Cristo, boa noite e sejam bem-vindos. Hoje é uma noite especial. Temos a visita de uma trabalhadora do Cristo, na seara médica. A Dr.ª Teresa vem cumprindo sua programação de encarnação com méritos e está acompanhada hoje de espíritos dedicados à luta contra a drogadição, sem dúvida alguma, o mal do século 21.

– A vinda deles estava sendo aguardada com ansiedade pela nossa equipe. Um dos trabalhos do Lar da Criança consiste em justamente acolher menores de rua e usuários de drogas que desencarnam pelo efeito nocivo e excessivo das mesmas. Dessa forma, Sr. José, por favor, mande entrar a médica psiquiatra e o Dr. Luiz, para darmos início à nossa reunião. Não temos tempo a perder.

Tão acabrunhado estava o coordenador encarnado da reunião, que foi pessoalmente chamar a dupla de médicos. Ele não havia comentado nada com os médiuns sobre a possibilidade de participação da médica e ficou extremamente satisfeito pela forma como a autorização veio.

– E aí, Sr. José, os espíritos permitiram a nossa entrada? – perguntou Dr. Luiz ansioso.

– Sim, Dr. Luiz, na verdade eles demandaram a presença de vocês antes mesmo de qualquer solicitação. Pelo jeito, a nossa doutora tem mais vivência espiritual do que supúnhamos. Será um prazer recebê-los. Por favor, me acompanhem.

Sem entender completamente a que se referia o médium, Dr.ª Teresa se deixou levar pelo colega, com a mente fervilhando de curiosidade e ao mesmo tempo a sensação de que já havia estado ali em outra ocasião.

Voltando à sala mediúnica, Sr. José orientou os dois recém-chegados a tomar seus assentos em silêncio, e passou a conduzir o desdobramento de forma lenta, explicando o procedimento de forma detalhada, para que a médica mineira pudesse acompanhar todo o desenrolar dos fatos com naturalidade.

No Plano Espiritual, Sita auxiliava o Mentor de Teresa no processo de desdobramento consciente. Devido à falta de prática, a possibilidade de Teresa recordar com precisão os acontecimentos era mínima. Mas, naquele dia estava programado importante encontro dela com a Espiritualidade, e por isso o conhecimento dos Mentores supriria a temporária limitação da médica. Apesar de ser estudiosa no assunto, ela era mais uma teórica do que prática nas atividades espirituais.

Havia frequentado a mocidade espírita na adolescência e desde que se formara em medicina vinha palestrando e estudando a relação entre Ciência e Espiritualidade. Apesar de ter lido os livros de André Luiz / Chico Xavier e de Divaldo Pereira Franco / Manoel Philomeno de Miranda, nunca se dedicara com afinco às reuniões desobsessivas.

Mesmo com a falta de prática, a seriedade da reunião a deixou tranquila e Teresa se entregou completamente ao comando verbal do Sr. José. À medida que relaxava e se entregava, sua percepção espiritual se abria e, então, pôde acompanhar o desenrolar das atividades espirituais dentro da sua capacidade anímico-espiritual.

– Vou iniciar uma contagem lenta – continuou Sr. José – e vamos deixando o nosso corpo físico e entrando em contato com o Plano Espiritual de maneira clara e objetiva. Percebam a presença dos Mentores entre nós, vejam a preparação da sala, os detalhes, as cores, o cheiro. Usem os sentidos espirituais e entrem em contato com essa realidade.

Enquanto o coordenador dava os comandos verbais, os médiuns saiam do corpo e se acostumavam com o ambiente sutil do Astral. A última a sair do corpo físico foi a médica. Ao se perceber junto com os trabalhadores ria sozinha do inusitado, num misto de alegria e nervosismo pela situação diferente.

Mariana, como sempre solícita, veio em apoio à médica, conversando com tranquilidade.

– Não temos nada a temer, Dr.ª Teresa. Respire fundo. Estamos indo para o Lar da Criança e estamos muito bem acompanhados.

Teresa olhava tudo com curiosidade. Ao cruzar os olhos com os seus Mentores pessoais emoção imensa alcançou seu coração. Lágrimas de felicidade insistiam em cair. Os Mentores vieram em sua direção e a envolveram com tanta amorosidade que nesse momento todo o grupo chorava também com a cena comovente.

– Amigos – disse Tereza – que felicidade é essa? Não tenho merecimento para isso.

– Amada do nosso coração – disse uma Mentora que também era médica no Plano Espiritual – seus méritos são enormes e é tempo de você colher o que vem plantando, participando desse banquete espiritual de integração e de aprendizado.

Abraçada aos seus Mentores, Teresa seguiu o grupo com o olhar extasiado, observando tudo e perguntando sobre as coisas que via, as construções e as pessoas.

Mariana explicava tudo pacientemente, e de forma sucinta elucidou a criação do grupo, o desdobramento e seus objetivos.

Chegando à porta do Lar da Criança, Marcos fez com que todos parassem e formassem um círculo.

– A partir daqui solicito a concentração absoluta de vocês – iniciou em tom sério. – Haverá tempo para responder a todas as perguntas, mas agora é tempo de dar mais um passo adiante na compreensão dos mecanismos de geração de doença, seus resgates e como o amor pode contribuir para a cura espiritual.

– Dr.ª Teresa falou hoje sobre a relação entre drogas e transtornos mentais dentro da visão espiritualista. Ela não poderia estar mais certa sobre essa hipótese – disse enquanto sorria para a médica que imediatamente ficou corada.

– Vocês irão conhecer agora o drama de espíritos que desperdiçaram oportunidades reencarnatórias abusando de drogas lícitas e ilícitas. Conforme muito bem explicou a nossa psiquiatra, a recrudescência da agressão no corpo espiritual causado pelo consumo de drogas produz lesões que em determinados momentos precisarão ser extirpadas. Além disso, como esperar que o corpo físico, uma cópia imperfeita do perispírito, possa ter saúde se o seu molde gerador está lesado?

– Mas o problema não é somente esse. Todos esses doentes da alma precisam reencarnar para recomeçar a vida e evoluir, resgatando pesados débitos contraídos nas alucinações transitórias da droga. Mas quem se dispõe a recebê-los? Abandonaram-se na Terra e agora encontram dificuldades para encontrar uma família estruturada que queira acolhê-los.

– Aqui no Lar da Criança temos um departamento especializado nesse trabalho. Profissionais capacitados se ocupam em trazer os possíveis futuros pais para reuniões de aconselhamento e sintonização vibratória com os futuros filhos. Acompanhem-me e observem com atenção.

O grupo subiu as escadas, mas diferentemente das outras vezes, ao chegar à recepção não subiu rumo às enfermarias, mas desceu alguns lances de escada em direção a um amplo auditório. Todo o trajeto era iluminado com lâmpadas azuis e brancas, deixando o ambiente agradável e acolhedor. O piso era coberto com algo parecido com um mármore branco brilhante e as paredes eram pintadas de cor lavanda. O teto arredondado ampliava a sensação de frescor do ambiente, e destacava os vasos de plantas verde-escuras, semelhantes a samambaias, e de flores multicoloridas e de variados tamanhos que ajudavam a dar um toque acolhedor e terapêutico.

No auditório estavam presentes centenas de encarnados, pois se via bem o cordão de prata ligado à cabeça de todos. Imediatamente, o grupo compreendeu que se tratava dos futuros pais. Sentando-se discretamente ao fundo do salão, eles notaram que a reunião estava para começar. Irmã Carolina, coordenadora do Lar da Criança adentrou o auditório, assumindo seu lugar nos trabalhos.

O auditório era um amplo salão com cadeiras confortáveis e janelas que davam para um jardim acolhedor. Ao fundo, um telão projetava a imagem de Jesus, lindo e majestoso, vestindo uma túnica branca que ia até os pés; os braços abertos e acolhedores convidavam todos a um abraço afetuoso.

– Bem-vindos, futuros pais e mães – iniciou Irmã Carolina – à nossa casa que tem Cristo como guia e Eurípedes Barsanulfo como diretor. O espírito não tem idade, esse ensinamento é óbvio, mas esses irmãozinhos acolhidos nessa casa de luz permanecem ainda muito ligados à materialidade do planeta, e a maioria conserva a forma do momento da desencarnação. Em sua maioria, passaram por processos dolorosos, que buscaram sozinhos, recalcitrando no erro e na dor, ou por processos expiatórios necessários ao desenvolvimento de aspectos específicos, sempre visando à evolução espiritual, nosso desiderato final comum.

– Gostaria de trazer dois aspectos que observamos com frequência na assistência amorosa a esses irmãos. Precisamos trabalhar neles o enfraquecimento do sentimento de culpa e de remorso. Durante o preparo reencarnatório, quando as provações são discutidas e implementadas, o excesso de culpa pode atrapalhar, impondo sofrimentos desnecessários, exatamente como fazemos na Terra, quando reencarnados. E para isso conto com vocês, pois somente o amor é o fio condutor capaz de nos guiar na senda que traz o alívio, a harmonia e a felicidade. E qual amor seria maior que o dos pais na Terra?

– Os mestres sempre nos lembram que Deus é um Pai amoroso, misericordioso, e não aquela figura soturna e vingativa apresentada em *O Velho Testamento*. Essa interpretação era necessária naquele momento histórico, não mais. Dessa forma, hoje mesmo podemos estar nos sabotando, exigindo de forma muito rígida atitudes que virão com o tempo, com a perseverança, mas de maneira leve. Temos uma urgência desnecessária em nos corrigir, e nos transformamos nos nossos piores obsessores.

– O trabalho no Lar da Criança nos mostra que tudo deve ser feito dentro de um equilíbrio. Há tempo de cobrança, de planejamento, de aprendizado, de execução. É Eclesiastes sempre presente nas nossas vidas nos trazendo a sabedoria de Salomão que é exatamente o que precisamos agora. A *Bíblia* fala-nos desse rei, que foi filho de David e soube trazer ensinamentos maravilhosos e se firmar como o mais sábio dos soberanos da Antiga Judeia. Essas crianças precisam de vocês, estão completamente dependentes do perdão, da boa vontade e da amorosidade que lhes possam dar com sinceridade de coração.

– Outro aspecto digno de nota é que todas as crianças, sem exceção, nos pedem para auxiliá-las a não ter facilidades excessivas. Quando ouvimos isso e vemos como os meninos de hoje são educados, fica bem claro o paradoxo. Hoje, criamos crianças despreocupadas, e sem compromisso com a Espiritualidade. Porém, é exatamente o contrário que eles estão nos pedindo. Por favor, não os estraguem, tentem criá-los para o Cristo e não para o mundo.

– Eles querem ser tratados com amor, carinho e respeito, mas não pedem facilidades excessivas, ganho sem mérito. Não vamos estragar a programação da Espiritualidade, colocando em nossos filhos, sobrinhos, netos e amigos, conceitos que não coadunam com a vida espiritual.

– Vivemos temporariamente na carne, mas com objetivos espirituais. Tudo passará, menos aquilo que conquistarmos em espírito. Quando a situação for boa, desfrute-a. Quando a situação for ruim, transforme-a. Quando a situação não puder ser transformada, transforme-se.

Todos no auditório estavam muito emocionados. A um sinal da Irmã, mais de setenta crianças entraram no auditório. Algumas vinham sozinhas, outras trazidas em cadeiras de rodas e outras poucas em macas. A maioria apresentava algum tipo de lesão no corpo espiritual, sendo que os usuários de drogas traziam em comum a lesão na área frontal.

Sem exceção, os internos se faziam acompanhar de profissionais da área da saúde, que ficavam por perto amparando e dando explicações sucintas para os futuros pais sobre o estado de saúde e a recuperação dos filhos que eles acolheriam. Era de se notar a diferença de postura entre pais e mães. Essas últimas tinham uma tendência de acolher mais e relevar aspectos desagradáveis. Os pais se preocupavam mais com o estado de saúde e com a possibilidade de recuperação.

Irmã Carolina passava de casal em casal, conversando, explicando e orientando. Era uma tentativa da Espiritualidade em fazer com que os pais aceitassem com mais tranquilidade os rebentos que tentariam nascer como filhos. Mas, algumas dessas crianças causavam verdadeira repugnância e deixavam os pais muito confusos.

Um grupo de servas de Maria adentrou o auditório, tendo à frente uma Senhora distinta. O ambiente todo se modificou. Postadas em semicírculo, as recém-chegadas entoaram um hino angelical em homenagem à Maria, Mãe de Jesus. Elevando a voz, Irmã Carolina pediu a atenção de todos, pois estava ali a irmã Carmélia, divina representante da Colônia de Maria que falaria aos pais naquele momento.

– Futuros pais e futuros filhos. Venho em nome de Maria, a Excelsa, solicitar que pensem bem nesse momento divino. Não há tempo para tergiversações. Estamos todos atrasados no calendário divino, pois nos retardamos voluntariamente agravando nossa situação frente ao Cristo e sua programação para o Planeta e para cada um de nós.

– Pais, evitem julgamentos, e filhos evitem se sentir vítimas. Cada um de vocês está aqui porque precisa estar. Ninguém erra de endereço no processo reencarnatório. Os pais não fazem favor algum em acolher filhos que nascerão com transtornos mentais, pois essa é a melhor programação evolutiva para eles. Filhos, lembrem-se que os eventuais transtornos foram frutos de atitudes descabidas do passado.

– Meus filhos, venho exortá-los a firmar o compromisso do amor. Sem amor verdadeiro quantas dessas encarnações serão abortadas no meio do caminho ao se descobrir no exame de ultrassom que o bebê tem um problema? Como suportar essa dor sem amor profundo e firme na rocha da fé?

– Maria nos mostra o caminho. Sua resolução ao ser avisada pelo anjo que Cristo Jesus renasceria e sua determinação aos pés da cruz são o farol a nos guiar nessa tempestade. Amem meus queridos, amem sem limites, se perdoem, se aceitem e creiam que existe um exército de anjos velando por vocês. Sejam fiéis ao nosso Mestre Jesus.

Pétalas azuis e rosas caiam do céu celebrando aquele momento. Todas as mães, sem exceção, tomaram os filhos nos braços, e a grande maioria dos pais acompanhou esse gesto de amor, retirando de uma vez por todas as energias de mágoa e medo do coração, e abrindo um lindo caminho para uma vida mais leve e feliz.

Enquanto a confraternização acontecia, Marcos, com significativo olhar, conclamou todos a retornarem ao Hospital Espírita para o acoplamento do corpo físico. Teresa estava extremamente emocionada. Como era complexo o mecanismo de preparo de uma reencarnação. Quantas lesões profundas atingiam o corpo espiritual dos usuários de droga, e como isso era negligenciado e banalizado no mundo.

Perdida em seus pensamentos, não percebeu a presença de Irmã Carolina que veio ao seu encontro.

– Querida Dr.ª Teresa – disse Carolina – permita-me apresentar. Sou Carolina, coordenadora dos trabalhos dessa casa. Contamos com você na divulgação do que foi visto aqui. Precisamos da sua palavra, da sua credibilidade, que como médica vem mostrando o lado espiritual da medicina. Nossa parceria pode gerar frutos maravilhosos.

– Me sinto honrada com essa oportunidade, irmã. Não sei se conseguirei ser fiel ao que aprendi aqui hoje, mas prometo me esforçar.

– Fique tranquila, pois estaremos sempre com você. A distância não existe para o espírito, e é de nosso interesse que essa informação seja levada ao maior número possível de pessoas.

– Estaremos juntas – disse Carolina, abraçando com carinho a médica e depois se despedindo de todo o grupo de forma afetuosa.

A noite ia alta. O céu nublado não mostrava as estrelas. O aroma das flores vinha pelo vento, em forma de bálsamo. Tantas perguntas fervilhavam na mente de todos. Mas era preciso retornar. Captando o sentimento da maioria, Marcos encerrou a visita ao Lar da Criança.

– Deus cuida de nós. Façamos a nossa parte que na maioria das vezes se constitui em pequena gota d'água no oceano, mas que somada a milhões de outras gotas vai, aos poucos, mudando o cenário de forma positiva – disse Marcos.

Embalados pelo bom ânimo do Mentor, todos de mãos dadas começaram a retornar ao hospital.

Capítulo 22

Desencarnação

José Paulo definhava a olhos vistos. Era como um frágil pássaro preso em uma gaiola. Seus olhos brilhantes e sempre confiantes falavam de uma alma que ansiava por voar, mas tinha os pés presos a algemas pesadas.

Cristina e Renato se desdobravam nos cuidados que o pequenino requeria. Seguindo as orientações do nobre Eurípedes, conversavam com os três filhos sempre abordando o lado espiritual do problema de saúde do irmão caçula.

As duas irmãs, dando mostras da evolução espiritual observada na visita ao diretor da Colônia Esperança, mostravam-se sempre solícitas e carinhosas com o irmão, e mesmo nos momentos mais difíceis faziam questão de estar junto aos pais, auxiliando e confortando.

Cristina se admirava daquela força espiritual que invadia sua casa. Era ao mesmo tempo grata e confiante que tudo correria da melhor forma possível. Mas, a verdade é que o tempo passava e o filho não dava mostras de que melhoraria em definitivo.

Fernando, o amigo querido, vinha sempre visitá-los em casa. Durante esses dois meses de tratamento, José Paulo havia sido internado algumas vezes devido a complicações. Essas internações eram sempre muito sofridas, de forma que resolveram, em conjunto, montar uma estrutura domiciliar que pudesse suprir as necessidades clínicas e nutricionais do paciente.

Fazia quinze dias que estavam ali em volta com um quarto transformado em uma mini UTI. Diariamente circulavam médicos, enfermeiros e psicólogos.

A turma do grupo mediúnico também se fazia presente com assiduidade. Mariana, pela afinidade que tinha com a família, a visitava quase diariamente. Ela ajudava a cuidar das duas meninas, deixando Cristina com mais tempo livre para se dedicar ao filho.

Naquele dia em especial, o grupo estava praticamente todo reunido na casa de Renato. O relógio marcava pouco mais que dezoito horas. Sr. José, após solicitar permissão à família, convidou, para participar daquela visita, um renomado médico espírita que estava de passagem pela cidade proferindo uma palestra.

Dr. Jorge era um homem alto, simpático, cabelos acinzentados pelo adiantar da idade. Especializado em cardiologia, frequentemente era convidado a proferir palestras espíritas.

Como de costume, fizeram um semicírculo em volta da cama de José Paulo e Dona Inês proferiu uma linda oração, pedindo proteção à família, em especial ao doentinho, que recebia tudo com os olhos abertos e um sorriso leve nos lábios.

Após a prece, a conversação se iniciou de forma natural. Dr. Jorge se aproximou do convalescente que recebia água através de uma colher pela qual a mãezinha tentava hidratá-lo. Seu estado de saúde era crítico. Muito emagrecido e pálido ainda mantinha o olhar confiante.

– E aí, meu amigo, como se sente? – perguntou o médico.

– Estou bem – respondeu o pequeno com dificuldade. – Quando meus pais me falavam dos anjos que cuidam de nós eu não conseguia entender muito bem, mas quanto mais fraco eu fico, mais eu consigo ver esses anjos aqui no meu quarto. E dizendo isso iniciou uma tosse prolongada, pois tinha se esforçado em demasia para tentar conversar.

– Me desculpe, Cristina, não quis cansá-lo – disse Dr. Jorge.

– Não se preocupe, doutor, o José Paulo adora as visitas e gosta muito de ser paparicado, não é meu filho? – perguntou a mãe enquanto ele tentava manter os olhos abertos e dava um sorriso para a genitora.

Tranquilizando-se, Jorge então se dirigiu a Renato. – Mas, então, vocês conversam com ele sobre a Espiritualidade?

– Conversamos sim – respondeu Renato. – No início do tratamento, tivemos o privilégio de nos reunir com o caríssimo Eurípedes Barsanulfo que nos deu exatamente essa orientação, a qual seguimos à risca e nunca nos arrependemos, pois tem se mostrado de muita valia na superação desse processo.

Sr. José se aproximou enlaçando Renato e disse: – Amigos, nosso querido Dr. Jorge não veio aqui somente para uma visita de cortesia. Ele está disposto a contribuir com o seu vasto cabedal de conhecimentos para esclarecer possíveis dúvidas que vocês dois possam ter.

– Vamos diminuir um pouco essa vastidão – disse Jorge rindo da situação. – Mas, a verdade é que gostaria de conversar com vocês a sós.

Deixando o filho aos cuidados das enfermeiras e Mariana se encarregando das irmãs mais velhas, o casal se dirigiu à varanda da casa com o médico e o coordenador do Grupo Fraterno para uma conversa oportuna.

Sentados confortavelmente em cadeiras com almofadas brancas, eles se acomodaram esperando o início do diálogo.

Dr. Jorge, que não se fez de rogado, principiou: – No dia a dia da prática médica o tema que mais impressiona a muitos de nós médicos é o da morte precoce. Conviver diariamente com pacientes acima dos 80 anos de idade que apresentam problemas crônicos de saúde e caminham para a desencarnação soa a todos nós como algo absolutamente fisiológico, por maior seja a dor dos familiares na hora da despedida. Porém, quando o assunto é a desencarnação de crianças, adolescentes e adultos jovens que se dirigem ao Plano Espiritual antes dos pais, nem sempre a racionalidade que o Espiritismo traz pode ser suficiente para acalentar a alma dos que ficam.

– O termo "morte precoce" talvez não seja adequado, pois não podemos pensar em uma Espiritualidade Superior onde as coisas sejam feitas de improviso. Evidentemente, nos referimos aqui à prematuridade do ponto de vista físico, ou seja, desencarnar jovem, e não cogitamos no desencarnar antes do tempo programado.

– Jesus foi um exemplo de morte precoce, desencarnando antes de sua mãe. Mas durante todo o seu apostolado, ele deu mostras de sobra, que sabia antecipadamente o que aconteceria. Mateus 26, João 2:19, aliás esse fato foi narrado várias vezes em *O Velho Testamento*, em especial por Isaias. Saber por antecipação não o impediu de levar a cabo sua missão, pois várias vezes ele afirmou que o que lhe interessava acima de tudo era realizar a vontade do Pai.

Dando um tempo para que o casal fosse absorvendo o que falava, ele reparou que Cristina estava abatidíssima. Pálida, cansada, olhos fundos, trazia as marcas do sofrimento de quem carrega algo que realmente vinha fazendo. Renato também mostrava sinais de desânimo e ansiedade. Mostrava-se educado, mas bocejava muito e os pés se movimentavam num balançar nervoso e ininterrupto.

– Sei que vocês estão passando por uma situação grave com o filhinho. É admirável que mesmo em um caso extremo como esse, a energia da casa esteja tão boa, os outros filhos tão bem cuidados e vocês ainda se disponham a conversar sobre o assunto.

– Em verdade, Doutor – iniciou Cristina – durante algum tempo pedia a Deus nas minhas orações que curasse meu filho. Agora estou na fase de pedir que não o deixe sofrer. Mas, tenho plena consciência de toda a proteção espiritual de que somos objeto. Em nenhum momento podemos ser ingratos a tanto amparo e cuidado. Mas é muito difícil mesmo. E ao dizer isso segurou a mão de Renato que chorava discretamente ao ver o sofrimento resignado da sua companheira de vida.

– Pensem bem – retrucou Jorge para os pais que enxergavam na morte do filho o fim de tudo. – O sofrimento parece mesmo não ter fim, porém outro caminho, de mais amor e paz interior existe e vocês são a prova disso. Entender o mecanismo pelo qual as doenças ocorrem é fundamental para se libertar da tristeza imensa que invade a vida dos familiares nessas ocasiões.

– Enquanto houver a crença de que Deus levou, que Deus quis, como se houvesse um Senhor de barbas brancas sentado em uma mesa apertando botões coloridos escolhendo quem vai e quem fica, distribuindo benesses e concessões, castigos e punições, não vamos conseguir sair do lugar. A mesmice atávica do benefício para quem é bonzinho e castigo para quem é do mal não aplaca mais as nossas dúvidas e incertezas. Até porque, se olharmos com cuidado, quem de nós pode ser classificado como evoluído ou inferior? Todos sem exceção temos qualidades e defeitos. Como escolheria, então, Deus?

– Isso é verdade – respondeu Renato. – Como poderíamos explicar que uma criança de dois anos de idade, que nem teve tempo de fazer coisas boas ou ruins tenha um câncer com metástases e desencarne após 6 meses de tratamento? Punição para os pais? Resgate de um carma familiar? Acreditar nessas hipóteses é diminuir Deus a um tirano despótico sem sentimento, que castiga um inocente para punir os pais. Que tipo de amor é esse? Pois, João Evangelista nos define Deus da única forma que podemos compreender. "Deus é amor!".

– A resposta é uma só, meu caro amigo – retomou Jorge. – Cada um responde por atos praticados em outras vidas, resgatando pelo amor as dívidas do passado e caminhando com passos cada vez mais sólidos em direção ao Pai. Não há punição, mas oportunidade. Não há fim, mas continuidade da vida, e vida plena, vida espiritual. É muito mais lógico pensar que se em outra vida eu lesei tanto meu corpo espiritual por atitudes e vícios, nessa vida eu limpe meu corpo espiritual, drenando para a carne, para o corpo físico aquilo que me faz mal.

– Meus amigos, eu gostaria muito de dizer a vocês aquelas palavras pseudoconfortadoras que dizemos nas visitas, como: fiquem tranquilos, vai dar certo, está tudo bem e etc., mas eu sei que vocês estão muito acima dessas convenções desnecessárias. Jesus nos dizia que quem quisesse segui-lo deveria pegar sua cruz e ir. Bom, chegou o momento. É a chance de vocês mostrarem a ele (Jesus) que vocês entenderam a lição.

– Os Mentores aqui presentes, e os há em abundância, nos mostram que o filho de vocês está prestes a desencarnar. Mas, nós todos sabemos que não há morte, mas que ele continuará mais vivo do que nunca, e com certeza mais feliz, porque drenou para o corpo físico algo que o impedia de crescer. Veja, a lição é clara, Deus não puniu ninguém, foi uma cobrança automática imposta por compromissos do passado. Não houve castigo, houve libertação.

Renato e Cristina estavam abraçados e choravam abundantemente. Toda a tensão retida em dois meses de tentativas vãs de se manter firmes desmoronou. Pensavam no filho, nas filhas, neles. O que aconteceria?

Percebendo o processo, Dr. Jorge reiniciou: – Me desculpem a franqueza, meus irmãos em Cristo, mas esse é um momento crucial para José Paulo. Não foi à toa que quase a totalidade do grupo mediúnico de vocês está aqui hoje na casa.

– Confiem e se entreguem nas mãos desse Pai Amoroso, que nos acolhe e alivia. E lembrem-se, o melhor remédio para as nossas dores é aliviar a dor do próximo. Converta esse sentimento de dor em algo sublime como a ajuda aos necessitados. Em prol daquele que desencarnou primeiro e da sua própria evolução espiritual, transmute o sentimento e permaneça como um seareiro do Cristo. Dia virá que você será capaz de olhar para trás e entender tudo que a vida queria lhe ensinar com esse fato.

Deixando o casal com o médico na varanda, Sr. José foi ao encontro dos médiuns, solicitando uma reunião de emergência ali mesmo na casa de Renato.

Após ajudar Mariana na preparação das cadeiras, retornou à varanda para convidar os três a participarem do encontro. Harmonizados energeticamente sob o comando do coordenador, o grupo começou a perceber as primeiras impressões do ambiente espiritual.

– Encontram-se aqui – disse Dona Inês – familiares, amigos e Mentores da família. Posso perceber a mãe de Cristina ao seu lado, transmitindo-lhe amor e tranquilidade.

Emocionada com a presença da mãezinha querida, já desencarnada a alguns anos, Cristina se deixou levar pelas suaves emoções do momento.

– Vejo espíritos que se identificam como obreiros do Lar da Criança – iniciou Mariana – eles dizem que estarão acompanhando José Paulo nessa transição e até o seu completo restabelecimento. Foram conhecidos dele antes da sua reencarnação e facilmente José Paulo se lembrará deles e se sentirá à vontade no Plano Espiritual.

Tudo isso caía como bálsamo no coração dos pais, pois essa, sem dúvida alguma, é a maior preocupação de um pai que vê o filho desencarnar. Como ele ficará? Quem cuidará dele? Ouvir aquelas palavras era tirar um caminhão de peso das costas.

Mas o mais impressionante ainda estava por acontecer. Ainda envolvidos pelas sensações de alívio, causadas pelas palavras de Mariana, eles escutaram o médium Reginaldo falar com uma voz diferente.

– Mãe, estou aqui.

Todo o grupo parecia que não respirava mais. Seria o menino José Paulo que se manifestava? Cristina quis levantar da cadeira, mas escutou.

– Estou aqui, mãe. Meu corpo físico está lá, mas eu, de verdade estou aqui. Vovó me fala que ainda demoro mais um pouco para estar com ela.

Cristina e Renato choravam copiosamente. Que maravilha era poder ouvir o filho falar sem tosse entrecortada, sem falta de ar, sem dormir no meio da fala.

– Papai e mamãe, eu quero agradecer a vocês por tudo. Durante a última semana tenho sido levado ao Lar da Criança durante o sono e recebido tratamento para me adaptar melhor ao local para onde serei transferido em breve. Ao longo desse tempo pude rever coisas que fiz, pude relembrar como eu estava antes de reencarnar e posso dizer a vocês que essa vida curta foi a maior bênção que eu poderia ter recebido. Vocês foram os melhores pais do mundo. Eu amo tanto vocês.

Todos choravam, inclusive José Paulo. Seu corpo espiritual brilhava e ele se sentia leve como nunca.

– Mãe – continuou ele – olha mãe, a minha barriga não dói aqui, mãe. Tá vendo pai, fica bem, tudo vai melhorar. Eu já não estava aguentando mais esse sofrimento. Agora acabou paizinho. Fala para as meninas que vou estar sempre com elas. Vovó me fala que logo eu poderei visitar vocês.

E dizendo isso voltou para o corpo. No quarto, a enfermeira cuidava daquele trapinho de carne que teimava em continuar com vida.

Utilizando a mediunidade de Dona Inês, Marcos transmitiu um recado ao casal:

– Amigos, que a misericórdia divina nos acompanhe sempre para que momentos como esse se eternizem em nossas mentes. Hoje, iniciamos o processo de desligamento de José Paulo que deve durar ainda dois dias. Nesse período, aproveitaremos para drenar o máximo de energia possível, e vocês verão um agravamento rápido e acentuado no estado *físico* do menino, mas do lado espiritual ocorrerá o contrário, isso o ajudará a se recuperar mais rapidamente no Plano Eterno de Vida.

– Durante esses dias, solicito muita vibração positiva e oração para que concluamos esse processo com sucesso. Lembrem-se das palavras de Eurípedes: "Vocês nunca estarão sozinhos".

Apesar da tristeza natural da situação, todos se sentiam privilegiados por presenciar tamanho cuidado da Espiritualidade. Devagar e aos poucos, foram saindo até restar somente o casal, os filhos e a enfermeira da noite.

Sentados na cozinha com as meninas, Cristina refletia na maravilha do que havia acontecido.

– Mamãe, não chore – disse Isadora.

– Fique tranquila, meu amor, são lágrimas de gratidão. Hoje recebi o maior conforto possível para o meu coração que é saber que seu irmãozinho não vai mais sofrer. Daqui a dois dias ele estará com Papai do Céu.

E assim foi. Conforme havia dito Marcos, o câncer progrediu a olhos vistos. Naquela mesma noite José Paulo entrou em coma para não mais sair. Foram dois lentos e sofridos dias, mas a certeza da melhora espiritual acalentou e animou o coração do casal.

Em uma noite quente e com céu estrelado, José Paulo retornou à Pátria Espiritual. Uma música suave tocava no quarto. A respiração ofegante cessou. Não havia mais suor empapado. A palidez deu lugar à cianose cadavérica.

No Plano Espiritual a situação era outra. Uma avó feliz recebia nos braços o netinho convalescente.

– Venha amado – disse a avó – com a ajuda de Maria irei cuidar de você até sua recuperação total. Elevemos nossos corações ao Pai, pois você venceu essa etapa com a ajuda de seus pais. Durma, esse ciclo acabou.

Demonstrando a enorme fé que aquecia seu coração, Renato fechou as pálpebras físicas do filho amado e elevou a voz em prece.

– Obrigado Senhor pela oportunidade de receber José Paulo entre nós. Perdoe a nossa incapacidade de realizar mais por ele, mas tenho certeza de que o nosso amor, aliado aos seus cuidados, compensa as nossas fraquezas.

– Obrigado, meu filho querido, pelas alegrias e tristezas que você trouxe para essa casa. Nós te devolvemos ao Pai, que te emprestou por um tempo. Seja feliz, filhão. Nós aqui tentaremos também seguir e sermos felizes em sua homenagem.

O barulho monótono do monitor cardíaco marcava a falta de ritmo nos batimentos atestando o óbito físico. Mas a vida espiritual vencia triunfante. Do Alto caiam pétalas azuis que envolviam a casa. Os Mentores Espirituais, presentes ali em sua maioria, mantinham a sustentação energética necessária para o momento. Luto no físico. Festa no espiritual. Mais uma vitória havia sido conquistada. Mais uma ovelha perdida retornava ao aprisco do Pai.

Capítulo 23

Resgate espiritual

– O MUNDO ESPIRITUAL É FORMADO por infinitas graduações energéticas, cada uma com habitantes que se afinam de acordo com gostos, escolhas e objetivos. A forma como cada região etérea é dirigida varia conforme a evolução espiritual de seus cidadãos, exatamente como acontece na Terra, onde existem em torno de 40 mil cidades, cada uma com suas características muito peculiares, parecendo, às vezes, estarem em planetas completamente diferentes.

Enquanto falava, Sita observava as reações dos presentes, encarnados e desencarnados, que estavam em um amplo salão do Lar da Criança. Todos eram trabalhadores do Cristo, comprometidos em auxiliar o próximo, favorecendo o autoaperfeiçoamento.

– Há uma tendência atávica – continuou Sita – de enxergar vítimas nos habitantes do astral inferior. Temos sempre de ter em mente que somos responsáveis pelo nosso passado que determinou nosso presente, na mesma proporção que nossas escolhas atuais decidirão nosso futuro. A Lei de causa e efeito é universal e irrevogável.

– Mudar a forma como enxergamos nossos irmãos que estagiam voluntariamente em estações inferiores de sofrimento e corrigenda nos auxiliará no resgate que faremos logo mais. Enquanto nutrirmos em nós essa percepção equivocada, alimentaremos neles a mesma noção. Não há um só habitante das zonas umbralinas que não se considere vítima.

Os integrantes do Grupo Fraterno estavam presentes em desdobramento consciente, inclusive Renato, que se recuperava da dor dilacerante na alma, apoiando-se no grupo e se dedicando ao próximo, talvez os dois maiores bálsamos disponíveis a todos.

– Convido vocês a nos ajudar – retornou Sita – no resgate que faremos em região densa da espiritualidade menor. Esse trabalho exige preparo espiritual que vocês já conquistaram através do estudo e da dedicação. A confiança e a seriedade serão fundamentais. Observaremos o silêncio e manteremos no coração a fé necessária para a realização dos nossos objetivos.

Encerrando a reunião com uma oração, Sita foi conduzindo o grupo por um corredor lateral no Lar da Criança. Refletindo a luz azul das luminárias, o corredor levava a um pátio enorme, que dava entrada ao pronto-socorro da Instituição.

– Aqui, meus queridos – disse Sita – é a porta de entrada da casa para o astral menor. É por aqui que chegamos de nossas incursões de resgate como a que faremos hoje. Os irmãos que resgataremos essa noite não possuem a mínima condição de serem levados às enfermarias, pois apresentam padrão vibratório muito baixo, fruto de anos, décadas e, às vezes, séculos de fuga da realidade, de autoisolamento na ilusão de terem sido abandonados.

– Na verdade, o Pai nunca nos abandona, mas assim como fazíamos na Terra quando encarnados, aqui continuamos a nos revoltar todas as vezes que a vida nos traz alguma dificuldade ou não atende aos nossos caprichos infantis. Em vez de tentar aprender com a lição, preferimos nos encarcerar, aborrecidos e contrariados com a ingratidão que julgamos sofrer.

– Teremos três equipes distintas, cada uma com um papel fundamental. A primeira será responsável pelo resgate desses irmãos. A segunda ficará aqui para receber, examinar e triar os que forem resgatados. Serão feitos um diagnóstico rápido e o encaminhamento para o setor adequado. A terceira equipe estará no pronto-socorro, pronta a atender e tratar esses irmãos – e percebendo o pensamento de alguns encarnados, Sita complementou: – utilizando de medicações orais e endovenosas assim como na Terra, porém saibam vocês que as medicações aqui são mais específicas e com menos efeitos colaterais. Além disso, no Plano mais Sutil onde nos encontramos, a chamada terapia complementar, que já é feita no nosso planeta, aqui é utilizada rotineiramente.

A primeira equipe era constituída de sessenta pessoas dos dois planos de vida. Os coordenadores distribuíram a todos jalecos azuis, com um filete dourado longitudinal, e que continham um sistema de autoaquecimento.

Uma fila indiana foi formada. A cada sete trabalhadores um coordenador segurava uma lanterna colorida que indicava o que fazer de acordo com a cor emitida. O silêncio era total. Enquanto caminhavam, observavam que a vegetação tornava-se cada vez mais escassa, e o tempo mais escuro. O jaleco agora fazia toda a diferença. O filete dourado iluminava o caminho e o aquecimento era muito bem-vindo naquelas regiões.

A descida era íngreme e difícil. A caminhada exigia esforço enorme, pois o ar era quase insuportável. Foram se aproximando de um local abismal e gelado. Nesse momento, o Mentor Ramatís se fez presente ao grupo, trazendo uma onda de calor e alento. Cumprimentando a todos de forma simples e trazendo no olhar a confiança necessária para o momento, envolveu o grupo na sua aura amorosa.

– Aqui não nos é possível utilizar iluminação forte – iniciou Ramatís telepaticamente – pois iremos a um local específico do astral inferior. Infelizmente, não temos a mínima condição de acolher todos desse imenso vale de lágrimas. A mera tentativa de fazer isso provocaria um tumulto de proporções inimagináveis entre os milhões de almas residentes nesse sítio.

– É imprescindível mantermos o foco. Caminhando assim em silêncio, nos comunicando pelo pensamento, e utilizando essa iluminação especial, passamos despercebidos e podemos realizar nosso intento.

A presença do Mentor trouxe novo ânimo ao grupo que se impressionava muito negativamente com a paisagem externa. Mariana se perguntava do porquê de tanto sofrimento. A exaustiva caminhada mostrava cenas dantescas. Espíritos sofredores desfigurados vivendo em situações inimagináveis. Por que não iam embora?

Captando na tela mental as indagações, Ramatís esclareceu pelo pensamento: – Como mensurar a dor? Qualquer um de nós que sofresse por alguns minutos o que esses irmãos estão passando anos seguidos a fio, gritaria por socorro, sairia correndo, buscando ajuda de forma desesperada. Mas, por que não vemos isso acontecer? A resposta é simples. Falta humildade. Falta reconhecer o poder infinito de Deus e pedir. Jesus dizia: – "Pedi e obtereis". Mas, para solicitar com o coração é preciso abrir mão do ponto de vista pessoal, é necessário sair do eu e entender que nada podemos sozinhos.

– Estamos chegando à entrada do nosso local de resgate. Daqui para frente encontraremos irmãos nossos que decidiram se isolar voluntariamente da luz, chegando a ponto de se internar nas cavernas profundas do oceano, fugindo cada vez mais de si mesmos, enquanto acreditavam que fugiam da luz, movidos por uma revolta profunda.

Um portal de contorno irregular dava passagem para o interior de uma rocha enorme. O grupo continuava em fila indiana, caminhando lentamente. Além das dificuldades do ar cada vez mais rarefeito e malcheiroso, pisavam em terreno arenoso, e a água fria subia pelas pernas, à medida que caminhavam.

Abrindo a mão espalmada acima da cabeça, Ramatís determinou a parada do grupo. Aproveitando a pausa, Mariana passou a observar os detalhes do local.

Animais semelhantes a morcegos voavam à deriva na imensa gruta que dava acesso ao mar. Sapos coaxavam em um ritmo lento e hipnótico. Um vento frio cortava o ambiente, entrava pelas fendas e circulava por todos os cantos, trazendo os murmúrios sofridos dos estranhos habitantes daquele local bizarro.

Nesse instante, um grupo de trabalhadores da Colônia saiu da água e iniciou uma conversação telepática com o Mentor.

– Tudo certo, nobre Ramatís – afirmou um senhor de olhar penetrante.

– Não temos tempo a perder, então. Na sua opinião, Horácio, o que é mais urgente? – Indagou Ramatís.

– Necessitamos da energia mais materializada dos encarnados, para que os nossos irmãos sofredores possam se sentir amparados, estabelecendo uma conexão visual uma vez que, devido ao baixíssimo teor vibratório mantido por tantos anos, eles não conseguem nos perceber.

Chamando os encarnados a se aproximar, Ramatís explicou a situação.

– Meus amigos, eu solicito o empenho de vocês de forma muito especial. Há alguns séculos, discípulos do templo que eu criei na Indochina desviaram-se da luz, e optaram voluntariamente por utilizar os conhecimentos sagrados de forma a obter vantagens pessoais transitórias, sempre ilusórias, mas de grande apreço para os habitantes do nosso planeta ainda tão atrasado moralmente.

– Obviamente, a colheita de tão sério desvio moral não poderia ser leve. Entrar em contato com altos rituais iniciáticos e preferir esse infeliz proceder aumenta em muito a responsabilidade daquele que escolheu andar por caminhos tortuosos mesmo estando com os olhos espirituais abertos.

– Ninguém é obrigado a procurar o conhecimento do sutil, nem a estudar os detalhes da relação matéria-espírito, mas não há como sair incólume da infeliz decisão de procurar as trevas após conhecer a luz.

João, médium encarnado, suava em bicas apesar do frio extremo. Certa tontura o impedia de fixar a atenção de forma completa no Mestre Ramatís. Ao perceber a situação, o Mentor se aproximou dele, colocando a mão sobre sua cabeça e disse:
– João, é chegada a hora de resgatar compromissos seculares. Lembre-se João, volte no tempo e reveja os fatos.

Instado pela força magnética de Ramatís, João entrou em contato com seu passado. Percebeu-se como um estudante no Templo de Swami Rama-Atys. O Templo foi erguido pelos primeiros discípulos de Ramatís. Nesse local, o Mentor ministrou e aplicou todos os conhecimentos adquiridos até aquela vida. As pedras usadas na construção receberam energias especiais, fruto da evolução de cada discípulo no caminho por ele delineado.

Não conhecera diretamente Ramatís naquela vivência, pois esse havia desencarnado muito cedo. Ao aprofundar no conhecimento e na prática do sutil, associou-se por afinidade espiritual a estudantes que assim como ele procuraram o Templo com sentimentos verdadeiros, mas se deixavam apaixonar progressivamente pela perspectiva de falso poder material que os ensinamentos traziam. Obviamente, poderiam ter se fixado no lado positivo dos preceitos recebidos, mas cada um dá sempre o que tem e nada mais.

Como não poderia deixar de ser, dessa associação resultaram os mais funestos atos. Rebeldia, transgressões, ingratidão e muita atitude impensada. O lento correr do tempo foi curando alguns e aprofundando as feridas abertas em outros. Para João, finalmente aquela era uma encarnação de cura, de libertação. Entendia, naquele instante, o porquê de ter saído correndo do nosocômio espírita naquele dia. Não era o medo de ver espírito. Era o pânico de errar novamente.

Entendia presentemente a enorme oportunidade que estava à sua frente. Poderia auxiliar seus companheiros de infortúnio a enxergar o que ele naquela oportunidade apreendia, após tantos séculos de dor e sofrimento. Lágrimas grossas corriam pelo seu rosto. Ajoelhando-se aos pés de Ramatís, em um misto de pedido de socorro e súplica de perdão, sentiu a mão carinhosa do Mestre em sua cabeça e escutou no recôndito de sua alma:

– João, eu esperaria por você toda a eternidade se preciso fosse. Sejamos gratos a Deus pela oportunidade de tentarmos encerrar hoje essa triste página da nossa história. Venha, levante-se, vamos combater o bom combate de pé.

Acompanhados pelos trabalhadores, e tendo João à frente junto com Ramatís, todos foram seguindo, afundando na água. Era estranho para os encarnados pensar que podiam se locomover dentro da água. Mas estavam em desdobramento e era uma sensação até agradável. Afundaram quase em linha reta, descendo por alguns quilômetros. Já não havia luz nenhuma. Somente o cajado de Ramatís e o filete dourado do jaleco emitiam alguma luz, que os guiava.

Chegaram a um platô de terra, rodeado de corais e peixes estranhos. Um grupo de desencarnados maltrapilhos conversava. A cena dantesca era deprimente. Vestidos em farrapos eles ainda se viam no Templo Oriental e acreditavam estar ali decidindo o destino dos habitantes da região, manipulando a energia de forma a enganar, roubar e enriquecer de forma censurável.

Seguindo o comando de Ramatís, o grupo de resgate formou um círculo em volta daquela reunião inusitada. Tão concentrados estavam aqueles irmãos que não perceberam nada e não desviavam a atenção.

– Séculos de dor e solidão não foram capazes de abrandar completamente o coração desses irmãos – disse Ramatís. – O pensamento fixo no poder e no mando fez com que se perdessem na ilusão, afastando-se completamente do contato com a realidade. Mesmo que consigamos resgatar esses irmãos, algumas encarnações serão necessárias para equilibrar os centros superiores da mente. Entre eles veremos muitos esquizofrênicos e autistas no futuro. A lesão no corpo mental é tamanha que tornará impossível o funcionamento adequado do corpo físico por uma ou mais encarnações.

– A vontade e a energia desses irmãos estão fixadas nas sensações inferiores, mas há alguns meses eles vêm apresentando cansaço da vida que levam. Mesmo se sentindo abandonados e vítimas, saudade inespecífica já visita a alma sedenta de paz. Todos entraram no Templo realmente munidos de vontade verdadeira de um dia se tornarem agentes da luz. Enquanto Ramatís falava, João ia modificando a sua aparência. A plasticidade do perispírito, obedecendo ao comando mental, se fazia visível mais uma vez. Os colegas encarnados se assustaram um pouco, mas foram acalmados pela voz branda de Ramatís.

– Volte João, mas agora, apesar da modificação na aparência, mantenha-se conectado ao grupo e consciente do que já aprendeu.

Caminhando em direção aos antigos companheiros, João, transformado no personagem do passado, e auxiliado pelo magnetismo do Mentor Espiritual, fez-se visível aos colegas de Templo Iniciático. Sentando-se entre eles, como fazia no passado, causou um tumulto inesperado. Um a um, os oito exilados arregalaram os olhos e se entreolharam entre espanto, raiva, indignação e curiosidade.

– Mas, será possível que um traidor possa retornar assim, sem achar que não será punido? – indagou o mais velho.

– Entre os que se amam não existe traição – redarguiu João. – A minha missão aqui é de paz...

Antes que ele pudesse terminar de falar, uma onda de gritos e impropérios o impediu.

– Traidor! Desertor! Como ousa? Nos deixa aqui assim nessa situação e ainda vem falar de amor?

Assustado, mas se sentindo amparado pelo Mestre, João adotou uma postura conciliatória. No seu íntimo, sentia muita pena dos amigos que preferiam a dor ao auxílio. Não havia também vivido por tanto tempo assim? Quem era ele para julgar quem fosse e exigir outro tipo de atitude? Animado pela compaixão, iniciou uma conversação com os sofredores.

– É verdade que não faço mais parte do grupo há um bom tempo. Aliás, creio que os amigos não têm a mínima noção de tempo. Não estariam todos à deriva, sem noção de tempo e espaço?

Pegos de surpresa pela pergunta inesperada e não podendo responder com precisão, partiram para agressão verbal novamente.

– Mas, o que isso tem a ver com nosso sofrimento? Fizemos um pacto de continuarmos juntos e fomos abandonados.

– Tem tudo a ver – rebateu João. – Séculos atrás, quando nos reunimos na Antiga Ásia, no Templo recém-construído pelos discípulos de Ramatís, o nosso propósito era outro. Temos de reconhecer que a ganância se impregnou em nossas almas a tal ponto de ficarmos cegos a qualquer sentimento razoável. Passamos a não ver nada além de nós mesmos. Isolamo-nos completamente, e quando a morte inexorável chegou, pegou-nos a todos montados no orgulho e despreparados para o sofrimento que viria, o qual buscamos com nossas próprias mãos.

– De que falas, louco? Saia daqui. Não precisamos de sermão.

– É verdade, meu irmão, precisamos de amor e paz de espírito. Estamos no início do século 21, é tempo de acordar.

Se uma bomba tivesse caído na cabeça de todos não teria provocado o efeito daquelas palavras.

– É mentira. Vamos matá-lo. É um desertor – espocavam os gritos de todos os lados.

– Sei que é difícil acreditar, mas é a pura verdade. Não posso exigir nada de vocês, muito menos que creiam nas minhas palavras. Nós nos enganamos, meus amigos. Essa é a grande constatação. Estivemos com tudo nas mãos para dar o salto definitivo em nossas vidas, entrando pela porta da frente no mundo espiritual, e preferimos nos afundar na lama.

O estranho grupo chorava. Depois de tanto tempo com o coração endurecido na revolta, enfim eles puderam aliviar um pouco das energias negativas que acumularam.

A presença de João, modificado, mais sereno, era na verdade um alento e uma esperança. Qualquer que tenha sido o mecanismo mágico pelo qual ele tenha conseguido isso, pensavam, eles também poderiam obter essa benesse.

Teleguiado por Ramatís, João reiniciou a conversa: – Não existe salto na natureza. Não houve mágica que me trouxe. Após anos de sofrimento, percebi que deveria retomar o caminho iniciado em nosso Templo, mas agora sem os devaneios ilusórios. Comprometi-me, então, a renascer e trabalhar com o Mestre novamente.

– Que diz, infeliz? Então, Ramatís te escolheu e nos deixou aqui? – indagou um antigo comparsa.

– Não. Na verdade, nós o rejeitamos e o expulsamos das nossas vidas quando decidimos desonrar os compromissos assumidos no Templo, mas ele sempre esteve esperando por nós.

Essa foi a oportunidade que Ramatís precisava para se fazer visível. Contando com o apoio amoroso de todo o grupo de resgate, que se mantinha firme em oração, ele se apresentou ao grupo de desertores.

– É ele mesmo – exclamou o mais velho do grupo. – E vestindo a túnica azul!

Aquela emoção foi demais para aqueles infelizes irmãos. Lágrimas sofridas davam vazão a séculos de agonia e dor voluntariamente aprisionada no peito. Toda a força mental que eles utilizavam para manter a feição do perispírito foi perdida, já não conseguiam manter as aparências, e o corpo espiritual mostrava as chagas abertas em carne viva. Uma lassidão profunda tomou conta deles.

Ramatís conversou com cada um deles em particular, deitando-os depois em macas especialmente trazidas para essa ocasião. Após certificar-se que estavam bem acomodados, o Mentor Espiritual, extremamente emocionado, elevou os pensamentos a Deus, em sentida prece de gratidão pelo retorno dos irmãos queridos.

Envolvendo João em passes magnéticos longitudinais dispersivos, e com comandos verbais firmes, Ramatís foi trazendo o pupilo novamente para o presente.

Era hora de retornar. Emergindo, o grupo se sentia recompensado. Saíram na gruta que os levava novamente à trilha fora d'água. Dali, Ramatís se despediu do grupo, deixando o controle da missão de resgate com Sita. Após um afetuoso abraço em João, desapareceu deixando um rastro de luz esverdeada.

Caminhando em direção ao pronto-socorro, Sita dividiu o pessoal em grupos de três trabalhadores, e dando coordenadas específicas ordenou que resgatassem espíritos já preparados para o atendimento no Lar da Criança.

– A espiritualidade – iniciou Sita – mantém controle rigoroso e registro detalhado da atividade de todos os irmãos sofredores desse imenso vale, mas nem todos apresentam a força interior necessária, a disposição requerida para que o auxílio seja proveitoso.

Os vinte grupos formados partiram para o trabalho de resgate e, aos poucos, traziam cada vez mais pessoas, todas tendo em comum certa alienação mental e fácies de sofrimento intenso.

Ao chegarem ao pátio onde passariam pela triagem, o número de espíritos resgatados ultrapassava a casa dos cem.

Uma verdadeira operação de guerra foi montada no pátio. Tendas separadas por cores acolhiam os recém-chegados. Um registro detalhado de cada um estava disponível. Não havia correria nem tumulto. Um planejamento absolutamente minucioso coordenava todas as ações.

Enquanto a triagem e o tratamento continuavam, Sita reunia todos os encarnados para o encerramento da participação deles no trabalho.

– Já é quase dia na Terra, meus irmãos, é tempo de retornar ao corpo físico. Eu agradeço profundamente a participação de todos e a coragem de João em enfrentar os fantasmas do passado.

Ao abraçar cada um, dedicou a Renato um afago especial e disse: – Meu irmão querido, sua persistência no trabalho do bem tem rendido frutos maravilhosos para sua família, que se refletem na harmonia e tranquilidade com que vocês vencem essa difícil etapa. Estamos cuidando do pequeno, fique tranquilo.

Soluçando com o choro entrecortado, Renato não conseguiu expressar em palavras a gratidão pelo cuidado com seu filho recém-desencarnado.

– Tranquilize seu coração, Renato, muito em breve teremos surpresas. Vamos confiar.

E unindo-se em abraço fraterno, os trabalhadores elevaram o coração a Deus em agradecimento por tanta oportunidade e bênçãos.

No caminho de volta à Terra, a mesma sensação de beleza e esplendor. O Planeta Azul crescia à frente do grupo. O sol principiava seu retorno e já podia ser visto no horizonte. O silêncio do espaço, associado àquela visão, elevava a vibração de todos em uma prece uníssona ao Criador.

Capítulo 24

Planejando

Sentado no jardim do hospital, Sr. José pensava na vida com gratidão. O tempo de uma encarnação é um grão de areia em uma ampulheta. Mas, nem por isso a vivência atual se constituía menos importante. O Grupo Fraterno havia se conduzido de forma tranquila e maravilhosa. Havia problemas? Claro que sim, e sempre haveria.

Os integrantes do grupo iam chegando aos poucos. Mais um ciclo se encerrava, mais um ano terminava e era mais do que justo que eles se reunissem para celebrar a vida, o aprendizado, as enormes oportunidades de trabalho e a convivência com Mentores Amorosos. E nesse ano em particular as reuniões de treinamento em desdobramento consciente, comandadas por Marcos, tinham aberto um majestoso e novo campo.

Na sua maturidade física e espiritual, o coordenador encarnado sabia que ainda estavam distantes do ideal, mas todo trabalho começava com mais boa vontade do que conhecimento e, aos poucos, com treinamento e disciplina iriam chegar lá, tornando a vida dos Mentores mais fácil.

Sentados à sombra de enorme mangueira esperavam pela abertura dos trabalhos, que não tardou. Elevando os pensamentos ao Alto, Sr. José conclamou todos os companheiros a entrarem em sintonia com os trabalhadores do amor que cuidavam daquele nosocômio enorme.

Após a referida prece, iniciou uma conversa fraternal com os companheiros de trabalho: – Bom dia, meus amigos. Pela graça de Deus estamos reunidos aqui em mais um fim de ano, para celebrar as conquistas, as dores, as perdas, as vitórias e o aprendizado que obtivemos.

– Travar conhecimento com a doutrina cristã nos coloca em um estado de êxtase, que praticamente todos nós experimentamos. Uma fase inicial de fanatismo é seguida na maioria das vezes por outra de desânimo quando constatamos que aqueles que trabalham dentro da Doutrina Espírita estão longe de praticar o que pregam. Isso é fato, é universal, e ao mesmo tempo, faz parte do aprendizado individual e coletivo.

– Se voltarmos no tempo, observaremos que o colégio de discípulos do Cristo era composto de homens que disputavam poder, atenção (Mateus, 20:21), reclamavam dons espirituais (Mateus, 17:14-21), e queriam exclusividade sobre a palavra (Lucas, 9:50). Além disso, temos também os dolorosos exemplos da negação de Pedro (Marcos, 14) e da traição de Judas (Lucas, 6).

– Assim acontece até hoje. Diariamente, somos chamados a trabalhar na seara do Cristo, em prol de nos tornarmos homens e mulheres melhores e de construir uma sociedade mais justa e amorosa.

– Porém, é de se notar como dentro das comunidades religiosas existe tanta diversidade, tanta discórdia e disputa que não coaduna com a doutrina amorosa que todos defendem.

– Vivendo entre altos e baixos, aos poucos incorporamos esses ensinamentos cristãos em nossas vidas. Quanto mais sabemos observar nossas falhas, e combater o homem velho, mais deixamos de combater o nosso próximo que ainda erra, e passamos a lutar contra nós mesmos.

O vento suave balançava as folhas da mangueira, distraindo a atenção dos presentes com barulhos secos. Era como se os espíritos presentes na reunião quisessem dizer: – Estamos aqui.

– A experiência mostra-nos – continuou Sr. José – que todas as mudanças interiores pelas quais devemos passar acontecerão aos poucos, pois iremos incorporar na nossa personalidade qualidades e desenvolver talentos conquistados a duras penas, e a transformação acontecerá de forma natural em nós. Não haverá um dia que marcará esse evento. Simplesmente, teremos nos transformado para melhor e seguiremos adiante, já com outras preocupações, pois a busca pela evolução é contínua.

– No macro como no micro. Em cima como embaixo. O que acontece conosco, as nossas dificuldades, dúvidas, incertezas, tudo isso também está presente no próximo que conosco forma nossa comunidade religiosa. Como essa congregação é constituída de indivíduos falhos, é natural que ela seja falha em si mesma, seja capenga de maiores sentimentos humanitários e amorosos. Olhando assim, fica fácil entender como ainda somos dependentes da energia amorosa do Cristo dentro de nós e de nossas casas espíritas. Sem esse alento, nada aconteceria e tudo seria um vazio a ser preenchido por algo que ainda não possuímos.

– Quando defrontados por problemas na casa de oração, seja ela de qualquer ordem, podemos fugir e procurar uma casa que nos "compreenda" ou podemos insistir, acreditando que estamos no lugar certo, na hora certa com companheiros certos, imperfeitos como nós mesmos e necessitados de compreensão mútua, de percorrer uma estrada árdua, com um fim comum chamado transformação interior.

– Podemos sempre agir como Judas ou como Pedro. Um fugiu, suicidando-se e demorou séculos para retornar aos braços amorosos do Cristo pelo esforço próprio; outro, Pedro, após negar o Cristo três vezes, entendeu que o homem do mundo é mais frágil do que perverso, e se constitui na pedra fundamental da doutrina nascente pelo exemplo de amor, humildade e caridade, auxiliando os menos favorecidos, os doentes, os estropiados do mundo a encontrar o caminho de luz traçado pelo Cristo.

– O presidente da casa é orgulhoso? Sejamos humildes. Falta amorosidade aos atendentes? Distribuamos amor de mãos cheias. O palestrante fala o que não faz? Façamos nossa parte com o máximo de cuidado. O médium se acha mais importante que o próprio Deus? Saibamos nos enxergar na nossa pequenez verdadeira. A crítica corre solta na casa? Saibamos fechar nossos ouvidos e bocas a toda intriga, emitindo pensamentos de luz, agradecendo a oportunidade.

– Quando inseridos em uma casa religiosa, devemos entender que em todo problema, quem deve se modificar somos nós mesmos, visando construir um ambiente mais amoroso, de perdão e compreensão, assim como fez Jesus, nosso Mestre e Modelo.

As lágrimas desciam pelo rosto vincado do trabalhador. A emoção tomava conta do ambiente. A ideia inicial era seguir para a sala mediúnica para uma reunião de confraternização com os Mentores Espirituais, mas o ambiente estava tão agradável que todos concordaram em fazer esse intercâmbio espiritual ali mesmo.

Acomodados em bancos improvisados na natureza o trabalho teve início sem demora.

Dona Inês, imediatamente, entrou em contato com o Plano Espiritual e iniciou a descrição: – Vejo dezenas de crianças vestidas de branco formando um coral de boas-vindas.

Recebemos a visita de centenas de trabalhadores da Colônia Esperança, com vários rostos conhecidos, como Dr. Aristeu, Antônio, nossa amada Carolina e muitos outros, além é claro da presença amorosa de Marcos, Sita e Edith.

Todos os médiuns do grupo estavam presentes à reunião de encerramento, que sempre trazia a característica especial de não haver trabalhos de doação de energia ou de tratamento, mas de intercâmbio com Mentores e parentes desencarnados.

Mariana estava radiante e deslumbrada com o que percebia em desdobramento. Ao sair do corpo sentiu-se entrando em um mundo mágico de luz e cores. As plantas, já tão bonitas no plano físico, adquiriam luminosidade diferente que encantava e enlevava ao mesmo tempo.

Era a primeira vez que Cristina participava da reunião após a desencarnação de José Paulo. Mais refeita, apoiava-se nas filhas e no marido para superar a dor, vivendo cada dia de uma vez, como Eurípedes havia aconselhado. Renato estava sentado ao seu lado e ficou feliz em perceber que ela se desdobrava também com facilidade, talvez pela energia espiritual do ambiente, que se mostrava muito mais sutil que habitualmente, devido ao enorme número de trabalhadores espirituais que vinha para a festa.

As crianças entoavam uma adaptação de *Au clair de lune* de Beethoven. Entrando na vibração da música do Grupo Fraterno percebia que o local sofria impressionante modificação. Não mais os bancos improvisados na natureza, mas impressionante estrutura ao ar livre que acomodaria facilmente algo em torno de mil pessoas. Os teatros atenienses dariam uma pobre noção do que acontecia ali no Plano Espiritual do Hospital Espírita.

Convidados a ocupar lugar de destaque na brilhante assembleia, os membros do Grupo Fraterno foram sendo acomodados. Reginaldo não cabia em si de contentamento. Todas as dificuldades que a vida física lhe trazia eram amenizadas no contato com a Espiritualidade. Encantava-se com a natureza exuberante e prometia a si mesmo que mesmo que demorasse algumas encarnações iria se especializar no conhecimento das plantas.

Pedindo a atenção de todos, Marcos calmamente iniciou sua fala: – Queridos amigos do plano físico, chegamos a mais um fim de ano no calendário terreno e é tempo de exaltar as conquistas que todos fizemos, desencarnados e encarnados.

– A cada reunião de desdobramento aprendemos mais um pouco e vamos criando asas para voos mais distantes e mais complexos. Dias virão em que o intercâmbio entre os planos físico e espiritual será encarado com muita naturalidade.

– Como todo fim de ciclo, aproveitamos essa reunião para trazer aqui parentes desencarnados e amigos que vocês deixaram no Plano Espiritual quando reencarnaram. Mas nessa data de hoje, gostaríamos também de homenagear a todos vocês pela ajuda em projetos muito específicos, como a luta pela vida e a preparação das crianças do Lar Menino Jesus.

– Talvez vocês não percebam a complexidade do trabalho realizado e a importância da boa vontade e da disciplina amorosa, aliadas à cura da alma desses pequenos que retornam. Quero crer que talvez seja melhor assim mesmo. Mas, isso não diminui a dimensão do auxílio prestado por esse grupo. Recebam nosso carinho.

O coral de crianças vinha naquele momento abraçar os integrantes do Grupo Fraterno, trazendo uma rosa bem vermelha que era entregue a cada um dos trabalhadores encarnados. Embalados pela emoção do momento, Renato e Cristina perceberam a chegada de uma criança do coral trazendo uma flor.

– Meu Deus! – exclamou Cristina já chorando.

– É ele, meu amor, é ele – disse Renato procurando Marcos com o olhar.

Mas não houve tempo para confirmação. Correndo em direção aos pais, José Paulo se atirou com força no pescoço da mãe, enlaçando-a como nos bons tempos em que possuía força física para fazer isso.

O grupo todo, extremamente emocionado, cercou os três em um abraço lacrimoso e aprazível. As crianças do coral já começavam a retornar aos seus lugares. Olhando nos olhos de Marcos que estava também ao lado deles, Renato perguntou se poderia ficar com ele mais um pouco, no que foi prontamente atendido pelo Amigo Espiritual.

– É lógico, meu amigo, esse é o nosso presente para vocês. Aproveitem.

Segurando o filho no colo como se fosse um tesouro, Cristina viu chegar uma fila de mães segurando recém-nascidos nas mãos. Pela presença do cordão prateado acima da cabeça o Grupo percebeu que se tratava de mães e filhos ainda encarnados.

– Vejam, meus amigos – iniciou Carolina, coordenadora do Lar da Criança. – Observem o fruto do trabalho de vocês. De forma direta, vocês contribuíram para que essas crianças não fossem abortadas.

Mariana se levantou e aproximando-se do grupo começou a lembrar das mães atendidas em desdobramento no Lar da Criança, em um dos trabalhos realizados por eles.

– Isso é parte da colheita – continuou Carolina. – Quanta felicidade pode existir em saber que colaboramos para que um irmão em Cristo pudesse reencarnar em condições de evoluir!

Conversando com as mães e acariciando os bebês, o grupo percebeu a montagem de uma imensa tela branca, onde seria projetado um filme.

– Lembram-se de Geraldo? – indagou Sita.

Todos se lembravam. Era uma criança muito esperta que estava sendo preparada para renascer.

– Vocês passarão agora a conhecer um pouco mais da história desse irmãozinho.

Acomodados em cadeiras confortáveis, passaram a assistir a um filme. Orientados por Sita, entenderam que o filme era a projeção do pensamento de Geraldo. Por mecanismos que desconheciam, eles podiam ouvir o que se passava na cabeça do candidato à reencarnação e ver o que ele via.

O céu azul mostrava as estrelas brilhantes emolduradas pela janela do quarto. O cruzeiro do sul cintilava intenso trazendo memórias distantes.

Os olhos teimavam em se fechar. A sonolência ia tomando conta. O pensamento buscava se agarrar em algo feliz, mas era impressionante como nesses momentos importantes era mais fácil se ligar às coisas não realizadas.

Ele pensava na saudade dos que amava, nas palavras não ditas, nos erros infantis que geraram tantas adversidades. Olhando para trás parecia tão fácil consertar os erros. Os porquês iam se somando conforme o tempo se esgotava. E se...

Sabia em seu íntimo que já era tarde, outro ciclo se iniciaria. A mente já não reagia com a mesma presteza. O lado feliz era que sentia a presença dos Mentores ao seu lado. Eles zelavam por ele.

Quantas vezes já havia vivido aquela experiência? Não sabia.

O vento suave entrava pela janela trazendo notícias de longe, apontamentos silenciosos que democraticamente igualavam as pessoas e mostravam que todos somos iguais no imenso e infinito ciclo de vida e renascimento.

Não havia o menor sentido nas coisas que a poucos meses eram importantíssimas. O apego, fiel companheiro de derrota, não tinha espaço naquele instante. E se eu tivesse feito diferente, pensava.

As forças acabavam, sentia a lassidão tomar conta de seu corpo, um frio subindo dos pés para a cabeça. Mas, paradoxalmente sentia paz e se entregava. Aquela sensação era boa. Um recomeço, um novo ciclo. Uma esperança.

Ao mesmo tempo a dúvida. Como seria recebido na nova vida? Seria feliz? Saberia realizar o plano de Deus em sua vida?

De repente o túnel. Então, era assim. O tão famoso túnel de luz que o levaria dali para a outra vida. Sentiu-se flutuando, num misto de sonho e realidade. Cenas antigas se desenrolavam nas paredes do túnel, pareciam vivas, tinham sons, cheiro, cor, vida. Eram memórias vivas de coisas que deveriam estar mortas e apagadas, mas que não estavam. Traziam dor e alegria, força e tristeza, tudo ao mesmo tempo. Mas acima de tudo traziam alívio. Rever era limpar e esvaziar. Isso acarretava consolação.

A luz no fim do túnel estava cada vez mais perto, parecia que o Sol o esperava do lado de lá. Chegava a hora. Ficou cego por instantes, ofuscado pela luz. Quando conseguiu abrir os olhos pôde ver sua mãe que o aconchegava ao peito, tentando amamentá-lo. Enfim, havia renascido.

O barulho de centenas de palmas aclamava o fim do filme. A vida triunfava sempre. Não havia morte, só oportunidades ininterruptas e sempre muito bem amparadas.

– Geraldo – recomeçou Sita – hoje habita uma cidade pequena no interior de Goiás. Chama-se Carlos. Queira Deus que possamos estar com ele ainda em muitos e decisivos momentos de sua nova vida de encarnado.

E dizendo isso, parentes e amigos desencarnados dos integrantes do Grupo Fraterno deram entrada no recinto. Alegria, choro, gratidão, tudo se misturava nesse momento glorioso.

Marcos estava abraçado a um ancião que trajava uma roupa esverdeada, presa na cintura por uma corda prateada.

Observando os dois, Mariana se aproximou.

– Parece que conheço o Senhor.

Sorrindo de alegria por ter concluído a primeira etapa do projeto que o ancião lhe entregara, Marcos respondeu feliz:

– Conhece sim, Mariana, mas isso é assunto para outro dia. Venha, vamos aproveitar a festa.

Enlaçando Mariana pelo ombro se afastaram em direção aos companheiros. Ainda houve tempo de olhar para trás e perceber o ancião envolvido em luz azulada, subindo em direção a alguma Colônia.

– O que Marcos quis dizer com "assunto para outra ocasião"? Refreando seu instinto inquisitivo, entregou a Deus seus pensamentos de gratidão e paz. Já era bom demais estar ali. Tudo o mais que viesse seria por misericórdia divina.

Olhando o grupo todo ali reunido com Mentores, amigos e familiares se deixou envolver pela energia de tranquilidade que reinava no ambiente. Renato e Cristina embalavam José Paulo, Dona Inês conversava com o marido desencarnado, Reginaldo revia amigos. Todos estavam envolvidos com alguém.

Apesar da sua pouca idade, Mariana refletia que aquele era exatamente o local que gostaria de estar.

Acenando para seus familiares desencarnados, caminhou em direção a eles para a despedida. Um novo ciclo os esperava, ciclo de esperança e luz.

Fim

Dicas de leitura

A BATALHA DOS PORTAIS

Flávio Penteado

O mundo físico estava sob ameaça. Os Cavaleiros Negros mais uma vez tentavam destruir a imagem de Deus junto aos seres encarnados. Um grupo que surgiu na época das cruzadas, agora estava de volta buscando cumprir seu objetivo a qualquer custo.

A comunhão entre esse grupo e as trevas, auxiliou a abertura de portais, que emanariam energia suficiente para abertura de um portal ainda maior e mais poderoso, por onde seres trevosos invadiriam o mundo físico para tomar de Deus sua mais bela criação: o ser humano.

A vida no planeta Terra estava ameaçada e o tempo era curto, não havia margem para erros. Uma nova batalha entre o bem e o mal estava prestes a se formar e, se os portais não fossem fechados, um grande desastre ceifaria vidas inocentes.

Preparem-se, pois a Batalha dos Portais vai começar.

Dicas de leitura

O TOLO – SONHOS, SINCRONICIDADES E MILAGRES

Dimitrios Papalexis

"Um livro surpreendente que prende a atenção do leitor do início ao fim. Independente da sua crença, essa é uma jornada que vai lhe trazer prazerosos momentos de lazer."

Um bem sucedido advogado vê sua vida ficar de pernas para o ar quando começa a ter sonhos com um morador de rua que ele acredita ser seu tio. Todos acham que ele está ficando louco, ainda mais quando ele decide largar tudo para ir atrás desse tio nas ruas de Nova Iorque. Coisas mágicas acontecerão a Danny quando ele decidir seguir sua intuição: sincronicidades, acontecimentos e milagres ocorrerão. E aí, ele passará a ver a vida de uma perspectiva totalmente diferente.

Pegue carona nessa jornada interior e exterior, onde ele terá de provar a todos e, até mesmo a si próprio que não está louco.

Dicas de leitura

A BANDEIRA DE OXALÁ

Ademir Barbosa Junior

Com linguagem simples e envolvente, o livro relata diversos contos sobre o cotidiano da religião, dando aos leitores a possibilidade de aprendizagem por meio de uma prazerosa leitura.

A moça que vai ao terreiro em busca de "amarração" e descobre a beleza e a responsabilidade da mediunidade; a médium de personalidade difícil que humilha os irmãos; a mãe pequena que vê na criança não apenas o futuro, mas o presente (em todos os sentidos) da religião; a beleza e o amor maternal de Oxum; a verdadeira e digna malandragem de Zé Pelintra; o retrato desmistificado dos trabalhadores Exus são alguns dos temas abordados.

Dicas de leitura

HO'OPONOPONO – MÉTODO DE AUTOCURA HAVAIANO
Juliana De' Carli

Imagine a possibilidade de acordar dia após dia se sentindo Feliz e Sereno. De viver livre de pensamentos negativos, medos, frustrações, estresse e de tudo que prejudica sua energia, sua saúde física e mental.

Neste livro a mestre em Reiki Juliana De' Carli nos apresenta uma de suas grandes ferramentas, o Ho'oponopono. Uma técnica havaiana que existe desde os tempos dos Kahunas, que ensina que o perdão, a gratidão, a humildade e o amor são mais do que um caminho moral, mas também um caminho de cura, crescimento e transformação.

Dicas de leitura

REIKI – OS POEMAS RECOMENDADOS POR MIKAO USUI

Johnny De' Carli

Em Reiki – Os poemas recomendados por Mikao Usui, Johnny De' Carli nos traz a ligação mais íntima com a energia universal por meio da inspiração e reflexão com o Imperador Meiji e os poemas que o Mestre Mikao Usui declamava em cada aula, como auxiliar à elevação da consciência e crescimento interior dos seus alunos.

Dicas de leitura

TARÔ DO REIKI *(acompanha um livro + cartas)*

Johnny De' Carli

Desde sua publicação anterior, Johnny De' Carli vinha buscando escrever para seus alunos e leitores algo que fosse totalmente novo para a comunidade reikiana. E essa Luz começou a brilhar quando decidiu percorrer o "Caminho de Santiago de Compostela", na Espanha, a fim de receber um esclarecimento do "Alto".

E foi nesse período de intensa introspecção em solo sagrado que os conhecimentos adquiridos em anos e anos de pesquisa foram criando links, e as pequenas informações, que passam despercebidas pela maioria das pessoas, foram fazendo mais e mais sentido, até um momento em que todas elas juntas mostraram algo que estava escondido por traz das escrituras – uma outra maneira de utilizar nossa energia – uma maneira que agora é apresentada a todos em "Tarô do Reiki".